KB008011

50패턴으로 여행하는
랜드마크 베트남어회화

50패턴으로 여행하는
랜드마크 베트남어회화

초판 1쇄 인쇄 2018년 7월 21일
초판 1쇄 발행 2018년 7월 31일

지은이 윤선애
발행인 임충배
영업 마케팅 이총석
홍보 김정실, 신유진
편집 조인배, 양경자
디자인 여수빈
펴낸곳 도서출판 삼육오 (PUB.365)
제작 (주)피앤엠123

출판신고 2014년 4월 3일
등록번호 제406-2014-000035호

경기도 파주시 산남로 183-25
TEL 031-946-3196 / FAX 031-946-3171
홈페이지 www.pub365.co.kr

ISBN 979-11-86533-87-1 13730

이 도서의 국립중앙도서관 출판예정도서목록(CIP)은 서지정보유통지원시스템 홈페이지(http://seoji.nl.go.kr)와 국가자료공동목록시스템(http://www.nl.go.kr/kolisnet)에서 이용하실 수 있습니다. (CIP제어번호: CIP2018019336)

50패턴으로 여행하는
랜드마크 베트남어회화

윤선애 지음

Pub.365

베트남어 공부를 시작한 많은 학습자분들이
'베트남어는 생각보다 어렵다'는 말씀을 하십니다.

네, 베트남어는 어렵습니다. 쏟아지는 엄청난 문법들을 6개나 되는
성조와 함께 하려니, 입에서 말이 잘 떨어지지 않습니다.
하지만, 우리가 새로운 언어를 배우는 가장 큰 이유는 딱 하나! '말'을 하려고,
'소통'을 하려고 하는 것입니다.

그래서 저는 제안합니다.
방대한 문법을 머릿속에 다 넣으려 하지 말고,
가장 기본적인 '핵심패턴으로 승부하자!' 라고...
특히 베트남어는 그 시작을 어떻게 공부하느냐에 따라
쉽게도 또 어렵게도 느껴질 수 있는 언어이기도 합니다.

「80패턴 베트남어로 쉽게 말하기」에 이어 50개의 핵심 패턴으로 승부수를 던지는
「50패턴으로 여행하는 랜드마크 베트남어 회화」책은
기존에 나와 있는 베트남어 책과는 확실히 다른 것을 느끼실 수 있습니다.

베트남의 보석 같은 랜드마크를 북쪽에서 남쪽으로 쭉 여행하듯이
따라오시다 보면, 어느새 베트남어가 업그레이드되어 있을 것입니다.
말이 잘 나오지 않아 답답했던 분들은 어느새 핵심패턴으로
자연스럽게 하고 싶은 말을 할 수 있는 실력으로,
어휘가 부족해 기초 실력에만 머물러 있는 것 같아 답답하셨던 분들은
다양한 어휘 응용과 함께 중급 베트남어로 자연스럽게 넘어갈 수 있는
돌다리 역할을 바로 이 책이 해줄 수 있을 거라 확신합니다.
여행을 하듯, 오늘은 이 곳, 내일은 이 곳. 체력이 좋은 날엔 여러 곳을,
그렇지 않은 날엔 한 곳만 가셔도 됩니다.
그렇게 저와 함께 베트남을, 그리고 함께 녹아 있는 베트남어를 재밌게
그리고 편안하게 공부하셨으면 좋겠습니다.

이 책이 여러분의 베트남어 공부 역사에 멋진 추억이 되길 기원하며,
함께 떠나요 우리!

저자 **윤선애**

학습 목차

50패턴으로 여행하는

랜드마크 베트남어회화

내가 있는 위치는 어디일까?
베트남 지도를 지역별로 구분 짓고,
그 지역의 랜드마크 위치를 표시했어요.
랜드마크 위치 표시
각 지역에 있는 랜드마크를 여행 다니듯
짧은 동선으로 숫자로 콕! 콕! 표시했어요.

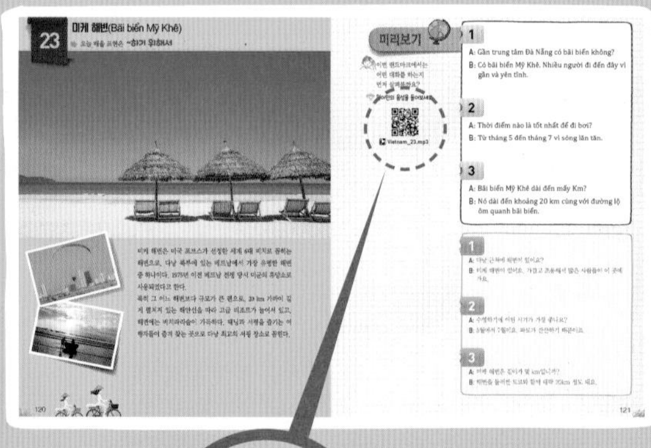

랜드마크 정보와 유래
언어를 배울 때 그 언어를 쓰는 나라에
대해 알면 많은 도움이 돼요.
각 랜드마크의 역사와 문화, 배경을 담았어요.
미리 만나보고 들어보고 말해 보아요.
여행할 때 자주 쓰는 대표적은 표현들을
모았어요.
이 표현들을 눈으로 익히고, 원어민 음성을
통해 귀로 듣고, 직접 말해 보아요.

QR코드가 보인다면 스마트폰으로 찍어보세요!
각 챕터에서 배울 문장을 원어민 음성으로 들을 수 있어요.

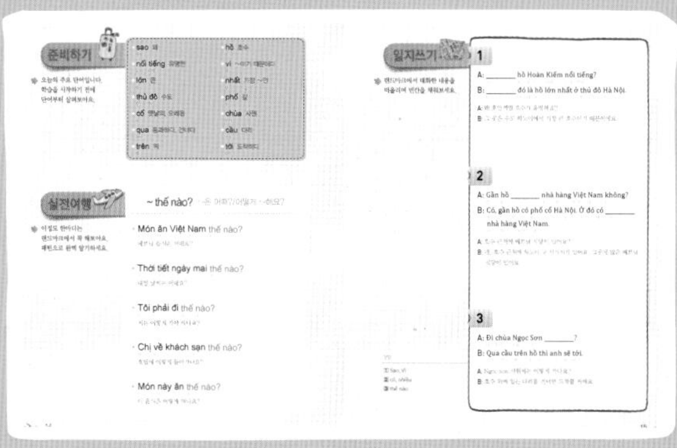

대화문에 삽입된 단어도 보고 패턴도 익히고!

대화문에 들어가는 단어를 준비했어요.
단어를 보고 문장을 떠올려 보세요.
자주 사용되는 패턴 문장을 학습하고,
이를 응용하여 다양한 표현을 해보아요.
빈칸 채우기를 통해 앞서 배운 내용을
복습해 보아요.
베트남어 발음~ 어렵지 않아요!
베트남어 아래에 발음이 표시되어 있어요.
발음을 따라 읽으면서 쉽게 베트남어를
배워보아요.

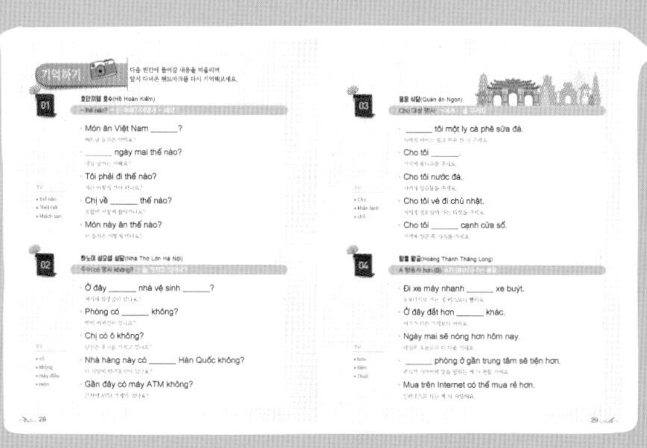

기억하고 또 기억하기

힘들게 공부한 걸 쉽게 잊어버리면
참~ 억울하겠죠?
앞서 배운 자주 사용되는 패턴 문장을
빈칸 채우기를 통해 다시 기억해 보세요.
이렇게 반복 학습을 하다 보면
어느새 입에서 술~ 술~ 나올 거예요!

MP3 다운로드 방법

www.pub365.co.kr 홈페이지 접속 ≫ 도서 자료실 ≫ 50패턴으로 여행하는 랜드마크 베트남어 회화 클릭

QR코드로 사용 방법

스마트폰에 QR코드 어플을 다운로드하신 후, 어플을 실행시키면 사진 촬영 화면이 나와요.
QR코드를 화면에 맞춘 후 찰칵~ 찍어보세요!

랜드마크 베트남 여행
하노이

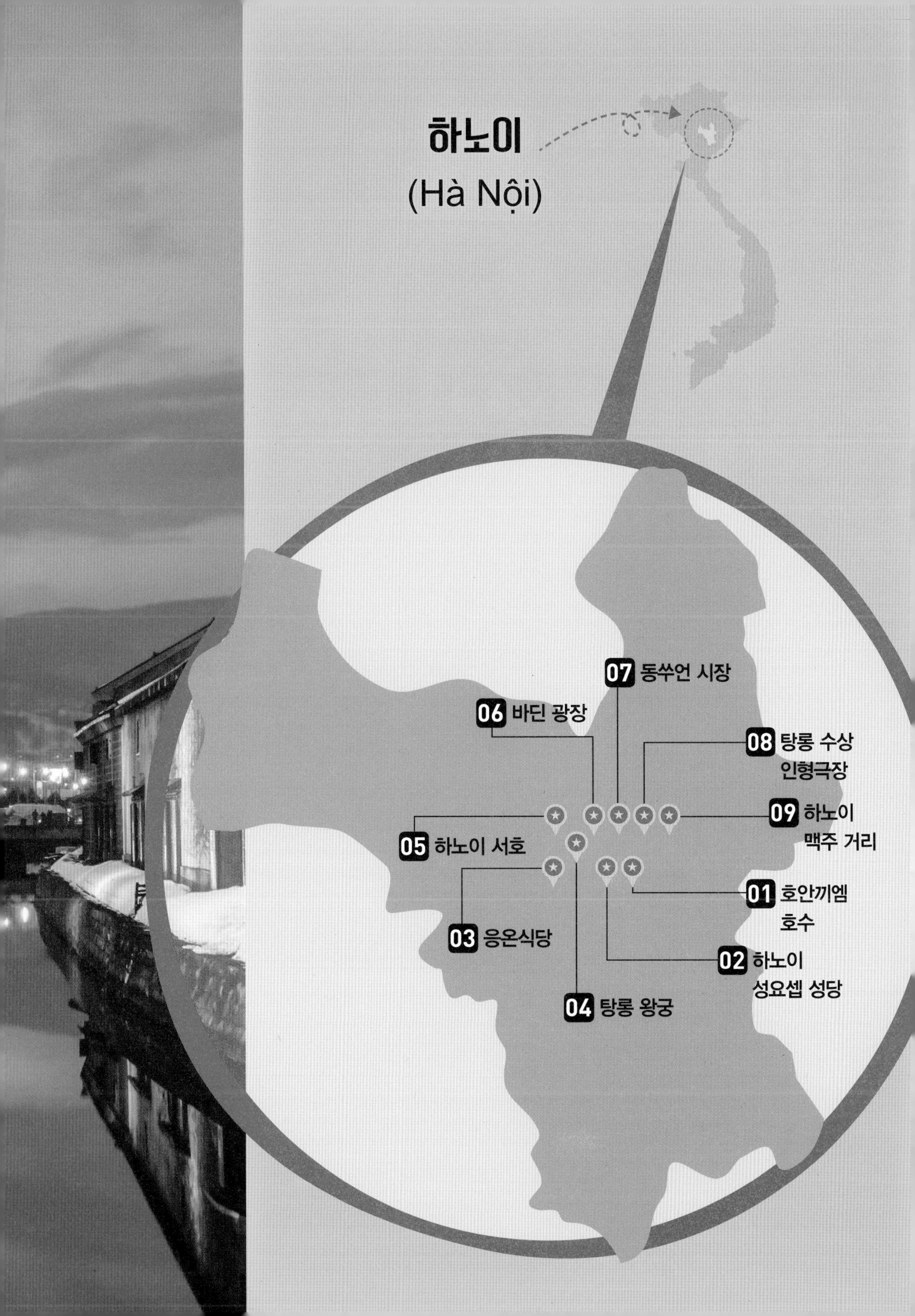
하노이
(Hà Nội)
07 동쑤언 시장
06 바딘 광장
08 탕롱 수상 인형극장
09 하노이 맥주 거리
05 하노이 서호
01 호안끼엠 호수
03 응온식당
02 하노이 성요셉 성당
04 탕롱 왕궁

01

호안끼엠 호수(Hồ Hoàn Kiếm)

오늘 배울 표현은 **~은 어때?/어떻게 ~해요?**

호안끼엠 호수는 하노이를 상징하는 호수로, 도시 중심에 펼쳐져 있다.

호안끼엠은 '검을 돌려주었다'는 의미를 가진 '환검(還劍)'이라는 뜻을 가진다. 15세기 여 왕조를 세운 레로이가 호수의 거북이에게 받은 검으로 명나라 군사를 물리치고 베트남을 승리로 이끌었다고 전해진다.

호안끼엠 호수 주변은 하노이 최고의 번화가로, 호수 북쪽에는 구시가지와 베트남을 대표하는 수상 인형극을 공연하는 극장이 있으며 박물관, 대성당 등 주요 명소와도 가깝다. 호수 남쪽에는 여행자 거리가 형성되어 있어, 저렴한 숙소와 유명 레스토랑, 기념품 가게 등이 많다.

▶ 가는 방법 : 호찌민 묘소에서 차로 15분 거리

미리보기

이번 랜드마크에서는 어떤 대화를 하는지 먼저 살펴볼까요?

원어민의 음성을 들어보세요.

Vietnam_01.mp3

1

A: Sao hồ Hoàn Kiếm nổi tiếng?

B: Vì đó là hồ lớn nhất ở thủ đô Hà Nội.

2

A: Gần hồ có nhà hàng Việt Nam không?

B: Có, gần hồ có phố cổ Hà Nội. Ở đó có nhiều nhà hàng Việt Nam.

3

A: Đi chùa Ngọc Sơn thế nào?

B: Qua cầu trên hồ thì anh sẽ tới.

1

A: 왜 호안끼엠 호수가 유명하죠?

B: 그곳은 수도 하노이에서 가장 큰 호수이기 때문이에요.

2

A: 호수 근처에 베트남 식당이 있어요?

B: 네, 호수 근처에 하노이 구 시가지가 있어요. 그곳에 많은 베트남 식당이 있어요.

3

A: Ngoc son 사원에는 어떻게 가나요?

B: 호수 위에 있는 다리를 건너면 도착할 거예요.

오늘의 주요 단어입니다.
학습을 시작하기 전에
단어부터 살펴보아요.

- sao 왜 (싸오)
- nổi tiếng 유명한 (노이 띠엥)
- lớn 큰 (런)
- thủ đô 수도 (투 도)
- cổ 옛날의, 오래된 (꼬)
- qua 통과하다, 건너다 (꾸아)
- trên 위 (쩬)
- hồ 호수 (호)
- vì ~이기 때문이다 (뷔)
- nhất 가장 ~인 (녓)
- phố 길 (포)
- chùa 사원 (쭈어)
- cầu 다리 (꺼우)
- tới 도착하다 (떠이)

이정도 한마디는
랜드마크에서 꼭 해보아요.
패턴으로 완벽 암기하세요.

~ thế nào? ~은 어때?/어떻게 ~해요?

- Món ăn Việt Nam thế nào?
  번 안 비엣 남 테 나오
  베트남 음식은 어때요?

- Thời tiết ngày mai thế nào?
  터이 띠엣 응아이 마이 테 나오
  내일 날씨는 어때요?

- Tôi phải đi thế nào?
  또이 파이 디 테 나오
  저는 어떻게 가야 하나요?

- Chị về khách sạn thế nào?
  찌 붸 카익 산 테 나오
  호텔에 어떻게 돌아가나요?

- Món này ăn thế nào?
  번 나이 안 테 나오
  이 음식은 어떻게 먹나요?

일지쓰기

랜드마크에서 대화한 내용을 떠올리며 빈칸을 채워보세요.

1

A: ________ hồ Hoàn Kiếm nổi tiếng?
싸오 호 호안 끼엠 노이 띠엥

B: ________ đó là hồ lớn nhất ở thủ đô Hà Nội.
비 더 라 호 런 녓 어 투 도 하 노이

A: 왜 호안끼엠 호수가 유명하죠?

B: 그 곳은 수도 하노이에서 가장 큰 호수이기 때문이에요.

2

A: Gần hồ ________ nhà hàng Việt Nam không?
건 호 끼 냐 항 비엣 남 콤

B: Có, gần hồ có phố cổ Hà Nội. Ở đó có ________ nhà hàng Việt Nam.
꺼 건 호 꺼 포 꼬 하 노이 어 더 꺼 니에우 냐 항 비엣 남

A: 호수 근처에 베트남 식당이 있어요?

B: 네, 호수 근처에 하노이 구 시가지가 있어요. 그곳에 많은 베트남 식당이 있어요.

3

A: Đi chùa Ngọc Sơn ________?
디 쭈어 응옥 썬 테 나오

B: Qua cầu trên hồ thì anh sẽ tới.
꾸아 꺼우 쩬 호 티 아잉 쌔 떠이

A: Ngoc son 사원에는 어떻게 가나요?

B: 호수 위에 있는 다리를 건너면 도착할 거예요.

정답

1 Sao, Vì
2 có, nhiều
3 thế nào

02

하노이 성요셉 성당 (Nhà Thờ Lớn Hà Nội)

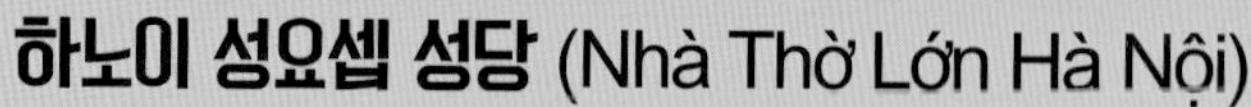

오늘 배울 표현은 **~을 가지고 있어요?**

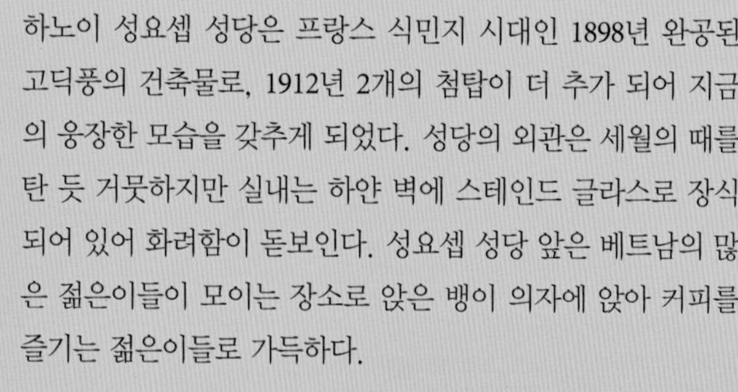

하노이 성요셉 성당은 프랑스 식민지 시대인 1898년 완공된 고딕풍의 건축물로, 1912년 2개의 첨탑이 더 추가 되어 지금의 웅장한 모습을 갖추게 되었다. 성당의 외관은 세월의 때를 탄 듯 거뭇하지만 실내는 하얀 벽에 스테인드 글라스로 장식되어 있어 화려함이 돋보인다. 성요셉 성당 앞은 베트남의 많은 젊은이들이 모이는 장소로 앉은 뱅이 의자에 앉아 커피를 즐기는 젊은이들로 가득하다.

- 주소 : 40 Nhà Chung, Hàng Trống, Hoàn Kiếm, Hà Nội, Việt Nam
- 미사 시간 : 평일 05:30, 18:30, 토요일 18:00
  일요일 : 05:00, 07:00, 11:00(프랑스어), 16:00, 18:00, 20:00

미리보기

이번 랜드마크에서는 어떤 대화를 하는지 먼저 살펴볼까요?

원어민의 음성을 들어보세요.

Vietnam_02.mp3

1

A: Nhà thờ lớn Hà Nội được xây dựng theo phong cách kiến trúc nào?

B: Nó được xây dựng theo phong cách Pháp.

2

A: Nhà thờ lớn Hà Nội được xây dựng khi nào?

B: Nó được xây dựng vào năm 1911.

3

A: Ở gần nhà thờ có tiệm cà phê không?

B: Gần nhà thờ có nhiều tiệm cà phê trên đường.

1

A: 성요셉 성당은 어떤 건축 양식으로 지어졌나요?

B: 그것은 프랑스 양식에 따라 지어졌어요.

2

A: 성요셉 성당은 언제 지어졌나요?

B: 그것은 1911년에 지어졌어요.

3

A: 성당 근처에 커피숍이 있나요?

B: 성당 근처에 많은 노천 까페가 있어요.

준비하기

오늘의 주요 단어입니다. 학습을 시작하기 전에 단어부터 살펴보아요.

- nhà thờ 교회, 성당 (냐 터)
- xây dựng 건설하다 (써이 증)
- phong cách 양식 (펌 까익)
- khi nào 언제 (키 나오)
- phòng 방 (펌)
- tiệm cà phê 커피숍 (띠엠 까 페)
- máy 기계 (마이)
- lớn 큰 (런)
- theo ~에 따라 (태오)
- kiến trúc 건축 (끼엔 쭉)
- nhà vệ sinh 화장실 (냐 베 씽)
- máy điều hòa 에어컨 (마이 디에우 호아)
- nhà hàng 식당 (냐 항)
- gần 가까운 (건)

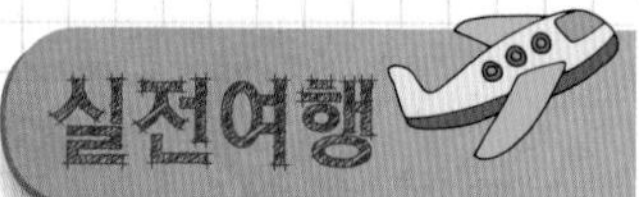

실전여행

이정도 한마디는 랜드마크에서 꼭 해보아요. 패턴으로 완벽 암기하세요.

주어 có 명사 không? ~을 가지고 있어요?

- Ở đây có nhà vệ sinh không?
  어 더이 꺼 냐 베 싱 콤
  여기에 화장실이 있나요?

- Phòng có máy điều hòa không?
  폼 꺼 마이 디에우 호아 콤
  방에 에어컨이 있나요?

- Chị có ô không?
  찌 꺼 오 콤
  당신은 우산을 가지고 있나요?

- Nhà hàng này có món Hàn Quốc không?
  냐 항 나이 꺼 먼 한 꾸옥 콤
  이 식당에 한국음식이 있나요?

- Gần đây có máy ATM không?
  건 더이 꺼 마이 ATM 콤
  근처에 ATM 기계가 있나요?

일지쓰기

랜드마크에서 대화한 내용을 떠올리며 빈칸을 채워보세요.

1

A: Nhà thờ lớn Hà Nội được xây dựng theo phong cách kiến trúc nào?
냐 터 런 하 노이 드억 써이 증 테오 퐁 까익 끼엔 쭉 나오

B: Nó được xây dựng ________ phong cách Pháp.
너 드억 써이 증 테오 퐁 까익 팝

A: 성요셉 성당은 어떤 건축 양식으로 지어졌나요?

B: 그것은 프랑스 양식에 따라 지어졌어요.

2

A: Nhà thờ lớn Hà Nội được xây dựng ________?
냐 터 런 하 노이 드억 써이 증 키 나오

B: Nó được xây dựng ________ năm [1] 1911.
너 드억 써이 증 바오 남

A: 성요셉 성당은 언제 지어졌나요?

B: 그것은 1911년에 지어졌어요.

3

A: Ở gần nhà thờ ________ tiệm cà phê ________?
어 건 냐 터 꺼 띠엠 까 페 콤

B: Gần nhà thờ có nhiều tiệm cà phê trên đường.
건 냐 터 꺼 니에우 띠엠 까 페 젠 드엉

A: 성당 근처에 커피숍이 있나요?

B: 성당 근처에 많은 노천 까페가 있어요.

참고

[1] 1911 (몯 응인 찐 짬 므어이 몯)

정답

1 theo
2 khi nào, vào
3 có, không

03

응온 식당 (Quán ăn Ngon)

오늘 배울 표현은 **~에게 …을 주세요**

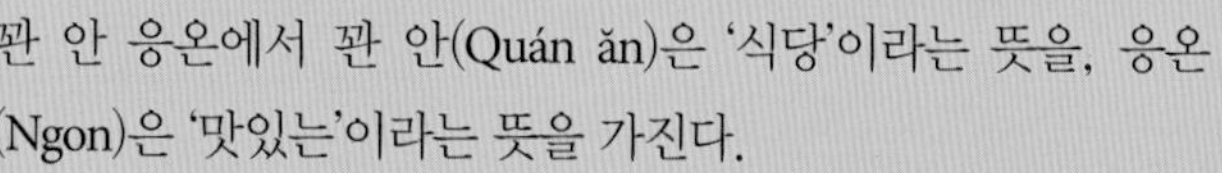

꽌 안 응온에서 꽌 안(Quán ăn)은 '식당'이라는 뜻을, 응온(Ngon)은 '맛있는'이라는 뜻을 가진다.

일반 음식점과 달리 규모가 굉장히 큰 편이며, 하노이와 호찌밍 두 도시에 모두 체인점이 많다. 베트남의 분위기를 물씬 느낄 수 있는 인테리어가 인상적인 식당으로 베트남의 북부, 중부, 남부 세 지역의 모든 음식을 맛볼 수 있다. 음식의 종류만도 백가지가 넘으며, 식당 내에 음식을 만드는 부스를 직접 볼 수 있는 묘미도 있다.

현재 하노이에는 5개의 체인점이 있으며, Phan Bội Châu 길 위치한 식당이 가장 규모가 크고 오래된 곳이다.

▶ 주소 1 : 18 Phan Bội Châu, Quận Hoàn Kiếm, Hà Nội.
2 : Tầng 01A, 25T2 Hoàng Đạo Thúy, Cầu Giấy, Hà Nội
3 : 34 Phan Đình Phùng, Quận Ba Đình, Hà Nội
4 : B2-R4 Royal City, 72 Nguyễn Trãi, Quận Thanh Xuân, Hà Nội
5 : Ngon Phố-Tầng 3 Aeon Mall Long Biển

미리보기

이번 랜드마크에서는
어떤 대화를 하는지
먼저 살펴볼까요?

원어민의 음성을 들어보세요.

Vietnam_03.mp3

1

A: Cho tôi 1 bát phở bò.

B: Vâng. Anh có uống gì không?

2

B: Anh có ăn rau thơm không?

A: Dạ không. Bỏ rau thơm ra nhé!

3

A: Tất cả bao nhiêu tiền?

B: 40.000 đồng.

1

A: 저에게 소고기 쌀국수 한 그릇 주세요.

B: 네. 뭐 좀 마시겠어요?

2

B: 당신은 향채를 드시나요?

A: 아니요, 향채는 빼주세요!

3

A: 모두 얼마예요?

B: 40,000 동입니다.

준비하기

오늘의 주요 단어입니다.
학습을 시작하기 전에
단어부터 살펴보아요.

- cho 주다
  쩌
- phở 퍼(쌀국수)
  퍼
- bỏ 버리다, 빼다
  버
- bao nhiêu 얼마의
  바오 니에우
- đá 얼음
  다
- chủ nhật 일요일
  쭈 녓
- cạnh 옆
  까잉
- bát (=tô) 그릇
  받
- Thịt bò 소고기
  틷 버
- tất cả 모두
  떹 까
- tiền 돈
  띠엔
- khăn lạnh 물티슈
  칸 라잉
- chỗ 자리
  쪼
- cửa sổ 창문
  끄어 쏘

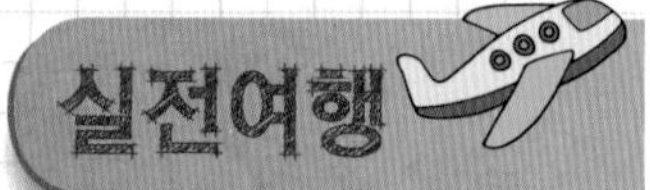

실전여행

이정도 한마디는
랜드마크에서 꼭 해보아요.
패턴으로 완벽 암기하세요.

Cho 대상 명사 ~에게 …을 주세요

- Cho tôi một ly cà phê sữa đá.
  쩌 또이 몯 리 까 페 쓰어 다
  저에게 아이스 밀크 커피 한 잔 주세요.

- Cho tôi khăn lạnh.
  쩌 또이 칸 라잉
  저에게 물티슈를 주세요.

- Cho tôi nước đá.
  쩌 또이 느억 다
  저에게 얼음물을 주세요.

- Cho tôi vé đi chủ nhật.
  쩌 또이 붸 디 쭈 녓
  저에게 일요일에 가는 티켓을 주세요.

- Cho tôi chỗ cạnh cửa sổ.
  쩌 또이 쪼 까잉 끄어 쏘
  저에게 창문 쪽 자리를 주세요.

일지쓰기

랜드마크에서 대화한 내용을 떠올리며 빈칸을 채워보세요.

1

A: ________ tôi 1 bát phở bò.
찌 또이 몯 받 퍼 버

B: Vâng. Anh có ________ gì không?
벙 아잉 꺼 우옹 지 콤

A: 저에게 소고기 쌀국수 한 그릇 주세요.

B: 네. 뭐 좀 마시겠어요?

2

B: Anh có ăn rau thơm không?
아잉 꺼 안 자우 텀 콤

A: Dạ, ________. Bỏ rau thơm ra nhé!
자 콤 버 자우 텀 자 네

B: 당신은 향채를 드시나요?

A: 아니오. 향채는 빼주세요!

3

A: Tất cả ________ tiền?
떳 까 바오 니에우 띠엔

B: [1] 40.000 đồng.
돔

A: 모두 얼마예요?

B: 40,000동입니다.

참고

[1] 40.000 (본 므어이 응인)

정답

1 Cho, uống
2 không
3 bao nhiêu

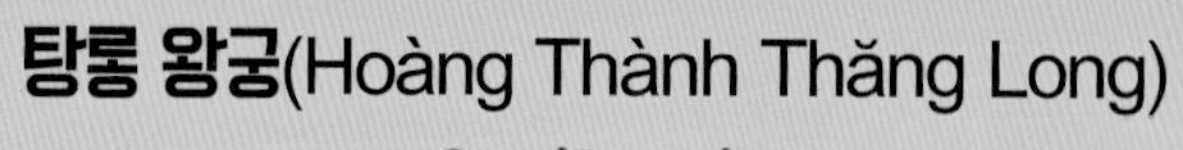

04 탕롱 왕궁(Hoàng Thành Thăng Long)

오늘 배울 표현은 **A가 (B보다) 더~해요**

탕롱 왕궁은 베트남 하노이에 있는 왕궁으로 2010년 세계 문화 유산으로 등재되었다.

베트남 유적지 중에 가장 중요한 곳 중 한 군데로 꼽히는 곳으로 역사적으로 오랜 시기에 걸쳐 지어졌으며, 무려 13세기에 걸친 문화 역사를 보존하고 있어 그 유적층 또한 매우 다양하고 풍부하다.

한편, 탕롱 왕궁은 근대에 들어와서는 식민지 권력의 본부 역할을 하였고, 미국과의 전쟁 중에는 사령부를 이 곳에 두었다고 한다.

▶ 주소 Hoàng Thành Thăng Long, Quán Thánh, Hà Nội, Việt nam

▶ 운영시간 : 월요일 휴무 / 주중, 주말 : 08:00-19:30

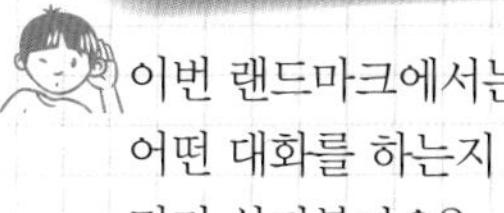

이번 랜드마크에서는 어떤 대화를 하는지 먼저 살펴볼까요?

원어민의 음성을 들어보세요.

Vietnam_04.mp3

1

A: Quy mô của Hoàng Thành thế nào?

B: Quy mô thì nhỏ hơn của Bắc Kinh Trung Quốc nhưng cũng cần nhiều thời gian để xem hết.

2

A: Hoàng Thành Thăng Long được xây dựng từ khi nào?

B: Nó có lịch sử hơn 1000 năm, được xây dựng từ năm 1010 trong thời vua Lý.

3

A: Có ngày đóng cửa không?

B: Có. Thứ hai thì đóng cửa, còn những ngày khác thì có thể xem từ 8 giờ đến 5 giờ.

1

A : 탕롱 왕궁의 규모는 어떤가요?

B : 규모는 중국 베이징의 것보다는 작지만 전부 보려면 역시 많은 시간이 필요해요.

2

A : 탕롱 왕궁은 언제부터 지어졌나요?

B : 그곳은 리 왕조 시대인 1010년부터 지어졌어요. 1000년이 넘는 역사를 가지고 있죠.

3

A : 문을 닫는 날이 있나요?

B : 네. 월요일은 문을 닫지만 다른 날엔 8시부터 5시까지 볼 수 있어요.

오늘의 주요 단어입니다.
학습을 시작하기 전에
단어부터 살펴보아요.

- **quy mô** 규모 (꾸이 모)
- **Bắc Kinh** 베이징 (박 낑)
- **cần** 필요하다 (껀)
- **xem** (자세히)보다 (쎔)
- **từ A đến B** A부터 B까지 (뜨 A 덴 B)
- **ngày** 날 (응아이)
- **lịch sử** 역사 (릭 쓰)
- **nhỏ** 작은 (녀)
- **nhưng** 그러나 (늬응)
- **để** ~하기 위해 (데)
- **hết** 전부~하다 (헷)
- **khi nào** 언제 (키 나오)
- **đóng cửa** 문을 닫다 (덤 끄어)
- **khác** 다른 (칵)

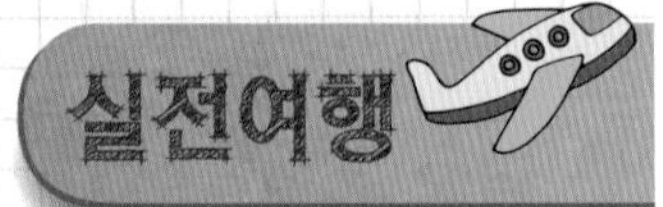

이정도 한마디는
랜드마크에서 꼭 해보아요.
패턴으로 완벽 암기하세요.

A 형용사 hơn (B) A가 (B보다) 더~해요

- **Đi xe máy nhanh hơn xe buýt.**
  디 쌔 마이 나잉 헌 쌔 부읻
  오토바이로 가는 게 버스보다 빨라요.

- **Ở đây đắt hơn tiệm khác.**
  어 더이 닫 헌 띠엠 칵
  여기가 다른 가게보다 비싸요.

- **Ngày mai sẽ nóng hơn hôm nay.**
  응아이 마이 쌔 놈 헌 홈 나이
  내일은 오늘보다 더 더울 거래요.

- **Thuê phòng ở gần trung tâm sẽ tiện hơn.**
  투에 펌 어 건 쭝 떰 쌔 띠엔 헌
  중심가 가까이에 방을 빌리는 게 더 편할 거예요.

- **Mua trên Internet có thể mua rẻ hơn.**
  무어 쩬 Internet 꺼 테 무어 재 헌
  인터넷으로 사는 게 더 저렴해요.

일지쓰기

랜드마크에서 대화한 내용을 떠올리며 빈칸을 채워보세요.

1

A: Quy mô của Hoàng Thành ________?
꾸이 모 꾸어 호앙 타잉 테 나오

B: Quy mô thì nhỏ ________ của Bắc Kinh Trung
꾸이 모 티 녀 헌 꾸어 박 낑 쭝
Quốc nhưng cũng cần nhiều thời gian để xem
꾸옥 니응 꿍 껀 니에우 터이 쟌 데 쌤
hết.
헷

A: 탕롱 왕궁의 규모는 어떤가요?

B: 규모는 중국 베이징의 것보다는 작지만 전부 보려면 역시 많은 시간이 필요해요.

2

A: Hoàng Thành Thăng Long được xây dựng
호앙 타잉 탕 롱 드억 써이 증
________?
뜨 키 나오

B: Nó có lịch sử hơn [1]1000 năm, được xây dựng từ
놈 꺼 릭 쓰 헌 남 드억 써이 증 뜨
năm [2]1010 trong thời vua Lý.
남 쫑 터이 부어 리

A: 탕롱 왕궁은 언제부터 지어졌나요?

B: 그곳은 리 왕조 시대인 1010년부터 지어졌어요. 1000년이 넘는 역사를 가지고 있죠.

3

A: Có ngày đóng cửa không?
꺼 응아이 덩 끄어 콩

B: Có. Thứ hai thì đóng cửa, còn những ngày khác
꺼 트 하이 티 덩 끄어 껀 니응 응아이 칵
thì có thể xem ________ 8 giờ ________ 5 giờ.
티 꺼 테 쌤 뜨 땀 져 덴 남 져

A: 문을 닫는 날이 있나요?

B: 네. 월요일은 문을 닫지만 다른 날엔 8시부터 5시까지 볼 수 있어요.

참고

1 1000 (몯 응인)
2 1010 (몯 응인 콤 짬 므어이)

정답

1 thế nào, hơn
2 từ khi nào
3 từ, đến

기억하기

다음 빈칸에 들어갈 내용을 떠올리며
앞서 다녀온 랜드마크를 다시 기억해보세요.

01

호안끼엠 호수(Hồ Hoàn Kiếm)

~ thế nào? ~은 어때?/어떻게 ~해요?

- Món ăn Việt Nam ______?
  베트남 음식은 어때요?
- ______ ngày mai thế nào?
  내일 날씨는 어때요?
- Tôi phải đi thế nào?
  저는 어떻게 가야 하나요?
- Chị về ______ thế nào?
  호텔에 어떻게 돌아가나요?
- Món này ăn thế nào?
  이 음식은 어떻게 먹나요?

정답

» thế nào
» Thời tiết
» khách sạn

02

하노이 성요셉 성당(Nhà Thờ Lớn Hà Nội)

주어 có 명사 không? ~을 가지고 있어요?

- Ở đây ______ nhà vệ sinh ______?
  여기에 화장실이 있나요?
- Phòng có ______ không?
  방에 에어컨이 있나요?
- Chị có ô không?
  당신은 우산을 가지고 있나요?
- Nhà hàng này có ______ Hàn Quốc không?
  이 식당에 한국음식이 있나요?
- Gần đây có máy ATM không?
  근처에 ATM 기계가 있나요?

정답

» có
» không
» máy điều hòa
» món

03

응온 식당(Quán ăn Ngon)

Cho 대상 명사 ~에게 …을 주세요

- ______ tôi một ly cà phê sữa đá.
  저에게 아이스 밀크 커피 한 잔 주세요.
- Cho tôi ______.
  저에게 물티슈를 주세요.
- Cho tôi nước đá.
  저에게 얼음물을 주세요.
- Cho tôi vé đi chủ nhật.
  저에게 일요일에 가는 티켓을 주세요.
- Cho tôi ______ cạnh cửa sổ.
  저에게 창문 쪽 자리를 주세요.

정답

» Cho
» khăn lạnh
» chỗ

04

탕롱 왕궁(Hoàng Thành Thăng Long)

A 형용사 hơn (B) A가 (B보다) 더~해요

- Đi xe máy nhanh ______ xe buýt.
  오토바이로 가는 게 버스보다 빨라요.
- Ở đây đắt hơn ______ khác.
  여기가 다른 가게보다 비싸요.
- Ngày mai sẽ nóng hơn hôm nay.
  내일은 오늘보다 더 더울 거래요.
- ______ phòng ở gần trung tâm sẽ tiện hơn.
  중심가 가까이에 방을 빌리는 게 더 편할 거예요.
- Mua trên Internet có thể mua rẻ hơn.
  인터넷으로 사는 게 더 저렴해요.

정답

» hơn
» tiệm
» Thuê

하노이 서호(Hồ Tây)

오늘 배울 표현은 **~을 하고 싶어요**

서호(西湖)는 하노이 북쪽에 자리하고 있으며 하노이에서 가장 큰 호수이자 가장 아름다운 호수로 꼽힌다. 여유롭게 산책과 자전거 하이킹을 즐기는 시민들을 볼 수 있으며 호수 주변의 사원을 방문한 참배객들도 즐겨 찾는 곳이다. 특히 진국사는 호수 안에 위치해 있어 절 안까지 걸어가는 길이 매우 운치 있다. 석양 지는 서호의 풍경은 무척 아름다우며, 이 시간에 가면 평화로운 분위기를 한 껏 느낄 수 있다.

▶ 가는 방법 : 시내에서 택시나 오토바이 택시로 약 20분

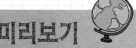

미리보기

이번 랜드마크에서는 어떤 대화를 하는지 먼저 살펴볼까요?

원어민의 음성을 들어보세요.

Vietnam_05.mp3

1

A: Sao người Việt Nam thích hồ Tây?

B: Vì phong cảnh hồ Tây rất đẹp. Người ta rất thích đi dạo xung quanh hồ Tây.

2

A: Tôi muốn đi dạo xung quanh hồ Tây.

B: Chúng ta đi vào buổi tối đi. Bây giờ nóng lắm.

3

A: Có chỗ nào chúng ta có thể ngắm phong cảnh không?

B: Gần hồ có nhà hàng hoặc tiệm cà phê cao. Chúng ta có thể ngắm cảnh ở đó.

1

A: 왜 베트남 사람들은 떠이 호수를 좋아하나요?

B: 왜냐하면 떠이 호수의 풍경이 매우 예쁘기 때문이에요. 사람들은 떠이 호수 주변에서 산책하는 것을 좋아해요.

2

A: 저는 떠이 호수 주변을 산책하고 싶네요.

B: 우리 저녁에 가요. 지금은 너무 더워요.

3

A: 우리가 풍경을 감상할 수 있는 장소가 있을까요?

B: 호수 주변에 고층의 식당이나 커피숍이 있어요. 우리는 그곳에서 풍경을 감상할 수 있어요.

오늘의 주요 단어입니다.
학습을 시작하기 전에
단어부터 살펴보아요.

- sao 왜 (싸오)
- vì 왜냐하면 (뷔)
- đi dạo 산책하다 (디 자오)
- chỗ 자리, 좌석 (쪼)
- đặt 예약하다 (닫)
- đổi 바꾸다 (도이)
- bây giờ 지금 (버이 저)
- phong cảnh 풍경 (펑 까잉)
- người ta 사람들 (응으어이 따)
- xung quanh 주변에 (쑹 꽈잉)
- ngắm 감상하다 (응암)
- đá 얼음 (다)
- trả 되돌려주다 (짜)
- gọi 부르다 (거이)

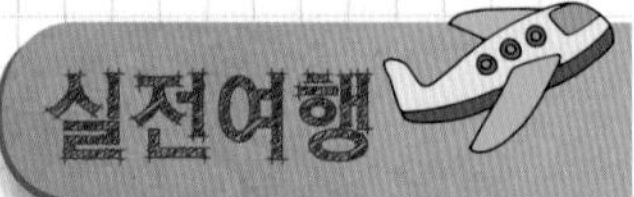

이정도 한마디는
랜드마크에서 꼭 해보아요.
패턴으로 완벽 암기하세요.

주어 muốn 동사 ~을 하고 싶어요

- Tôi muốn đặt vé đi Đà Lạt.
  또이 무온 닫 붸 디 다 랃
  저는 다랏으로 가는 티켓을 예약하고 싶어요.

- Tôi muốn uống nước đá.
  또이 무온 우옹 느억 다
  저는 얼음물을 마시고 싶어요.

- Tôi muốn đổi chỗ.
  또이 무온 도이 쪼
  저는 자리를 바꾸고 싶어요.

- Tôi muốn trả phòng.
  또이 무온 짜 펑
  저는 체크아웃을 하고 싶어요.

- Tôi muốn gọi tắc xi.
  또이 무온 거이 딱 씨
  저는 택시를 부르고 싶어요.

일지쓰기

랜드마크에서 대화한 내용을 떠올리며 빈칸을 채워보세요.

1

A: Sao người Việt Nam _________ hồ Tây?
싸오 응이이 비엔 남 _____ 호 떠이

B: Vì phong cảnh hồ Tây rất đẹp. Người ta rất thích đi dạo xung quanh hồ Tây.
비 퐁 까잉 호 떠이 젓 냅. 응이이 따 젓 틱 디 자오 쑹 꽈잉 호 떠이

A: 왜 베트남 사람들은 떠이 호수를 좋아하나요?

B: 왜냐하면 떠이 호수의 풍경이 매우 예쁘기 때문이에요. 사람들은 떠이 호수 주변에서 산책하는 것을 좋아해요.

2

A: Tôi _________ đi dạo xung quanh hồ Tây.
또이 무온 디 자오 쑹 꽈잉 호 떠이

B: Chúng ta đi vào buổi tối đi. Bây giờ nóng lắm.
쭝 따 디 봐오 부오이 또이 디. 버이 저 놈 람

A: 저는 떠이 호수 주변을 산책하고 싶네요.

B: 우리 저녁에 가요. 지금은 너무 더워요.

3

A: Có chỗ nào chúng ta có thể ngắm phong cảnh không?
꺼 쪼 나오 쭝 따 꺼 테 응암 퐁 까잉 콤

B: Gần hồ có nhà hàng _________ tiệm cà phê cao. Chúng ta có thể ngắm cảnh ở đó.
건 호 꺼 냐 항 호악 띠엠 까 페 까오. 쭝 따 꺼 테 응암 까잉 어 더

A: 우리가 풍경을 감상할 수 있는 장소가 있을까요?

B: 호수 주변에 고층의 식당이나 커피숍이 있어요. 우리는 그곳에서 풍경을 감상할 수 있어요.

정답

1 thích
2 muốn
3 hoặc

06 바딘 광장(Quảng Trường Ba Đình)

오늘 배울 표현은 **~할 수 있어요?**

바딘 광장은 1945년 9월 2일 호찌밍이 독립을 선언하고 베트남 민주공화국을 수립한 역사적인 장소이다.

바딘 광장의 역사로는, 1894년 프랑스가 베트남을 식민지로 삼았을 시기, 프랑스 식민 당국은 하노이 황성의 정북 문을 헐고 화원을 조성하여 푸지니네 공원으로 명명하였으나 1945년 제2차 세계대전 중 프랑스가 일본에 밀려 물러나자 이와 함께 일어난 거센 민족주의 운동으로 프랑스식 지명이 아닌 '바딘'으로 개명되었다.

바딘 광장은 길이 320m 폭 100m의 잔디밭이 조성되어 있으며, 호찌밍의 사후 영묘가 광장의 중앙과 마주하여 안장되어 있다.

▶ 주소 : Hùng Vương, Điện Bàn, Ba Đình, Hà Nội, Việt Nam
▶ 운영시간 : 월요일~일요일 05:00-22:00

미리보기

이번 랜드마크에서는 어떤 대화를 하는지 먼저 살펴볼까요?

원어민의 음성을 들어보세요.

Vietnam_06.mp3

1

A: Quảng Trường Ba Đình được xây dựng khi nào?

B: Nó được xây dựng vào ngày 2 tháng 9 năm 1975.

2

A: Tôi có thể mang máy chụp hình được không?

B: Không được. Ở đây cấm chụp hình.

3

A: Từ đây đến nhà sàn Bác Hồ mất bao lâu?

B: Mất 5 phút đi bằng tắc xi.

1

A: 바딘 광장은 언제 지어졌나요?

B: 그곳은 1975년 9월 2일에 지어졌어요.

2

A: 제가 카메라를 가져가도 될까요?

B: 안됩니다. 여긴 사진 촬영을 금지합니다.

3

A: 여기서 호찌밍 관저까지는 얼마나 걸리나요?

B: 택시 타고 5분 걸려요.

준비하기

오늘의 주요 단어입니다.
학습을 시작하기 전에
단어부터 살펴보아요.

- quảng trường 광장
  꾸앙 쯔엉
- mang 가지고 오다
  망
- nhà sàn 오두막집
  냐 산
- rau thơm 향채
  자우 텀
- trả lại 환불하다
  짜 라이
- khi nào 언제
  키 나오
- hút thuốc lá 담배 피우다
  훗 투옥 라
- xây dựng 짓다, 건설하다
  써이 쯩
- cấm 금지하다
  껌
- mất 걸리다
  먿
- nhanh 빠른, 빨리
  냐잉
- bằng ~로(써)
  방
- bao lâu 얼마나 오래
  바오 러우
- ngồi 앉다
  응오이

실전여행

이정도 한마디는
랜드마크에서 꼭 해보아요.
패턴으로 완벽 암기하세요.

주어 (có thể) 동사 được không?
~할 수 있어요?

- Anh có thể ăn rau thơm được không?
  아잉 꺼 테 안 자우 텀 드억 콤
  당신은 향채를 먹을 수 있나요?

- Anh có thể đi nhanh được không?
  아잉 꺼 테 디 냐잉 드억 콤
  (택시 이용 중) 빠르게 가줄 수 있을까요?

- Tôi có thể trả lại vé được không?
  또이 꺼 테 짜 라이 붸 드억 콤
  제가 티켓을 환불받을 수 있을까요?

- Ở đây có thể hút thuốc lá được không?
  어 더이 꺼 테 훗 투옥 라 드억 콤
  여기에서 담배를 필 수 있나요?

- Tôi có thể ngồi ở đây được không?
  또이 꺼 테 응오이 어 더이 드억 콤
  제가 여기에 앉아도 될까요?

일지쓰기

랜드마크에서 대화한 내용을 떠올리며 빈칸을 채워보세요.

1

A: Quảng Trường Ba Đình được __________ khi nào?
꽝 쯔엉 바 딩 드억 씨이 증 키 나오

B: Nó được __________ vào ngày 2 tháng 9 năm [1]1975.
너 드억 씨이 증 봐오 응아이 하이탕 찐 남

A: 바딘 광장은 언제 지어졌나요?

B: 바딘 광장은 1975년 9월 2일에 지어졌어요.

2

A: Tôi __________ mang máy chụp hình __________?
또이 끼 테 망 마이 쭙 힝 드억 콤

B: Không được. Ở đây cấm chụp hình.
콤 드억 어 더이 껌 쭙 힝

A: 제가 카메라를 가져가도 될까요?

B: 안됩니다. 여긴 사진 촬영을 금지합니다.

3

A: Từ đây đến nhà sàn Bác Hồ __________ bao lâu?
뜨 더이 덴 냐 싼 박 호 먼 바오 러우

B: Mất 5 phút đi bằng tắc xi.
먼 남 푼 디 방 딱 씨

A: 여기서 호찌밍 관저까지는 얼마나 걸리나요?

B: 택시 타고 5분 걸려요.

참고

1 1975 (몯응인 찐짬 바이므어이 람)

정답

1 xây dựng
2 có thể, được không
3 mất

07

동쑤언 시장 (Chợ Đồng Xuân)

오늘 배울 표현은 **몇 시에 ~하나요?**

동쑤언 시장은 베트남 북부 최대의 시장으로, 19세기 말 매립한 호수 위에 지었으며 화재로 폐쇄된 후 1996년 재개장했다. 의류, 생활용품, 기념품 등 다양한 품목을 판매하는 도매시장으로 3층 규모다. 베트남인이 즐겨 먹는 건어물과 말린 과일, 견과류 등의 식료품이 색다른 볼거리다.

- ▶ 가는 방법 : 호안끼엠 호수에서 택시로 5분 또는 도보 15분
- ▶ 오픈 시간 : 07:00~18:00

미리보기

이번 랜드마크에서는 어떤 대화를 하는지 먼저 살펴볼까요?

원어민의 음성을 들어보세요.

Vietnam_07.mp3

1

A: Chợ Đồng Xuân mở cửa lúc mấy giờ?

B: Mỗi cửa hàng thì khác nhau, nhưng chợ thường mở cửa lúc 7 giờ sáng.

2

A: Chợ Đồng Xuân mở cửa đến đêm không?

B: Chợ thường đóng cửa lúc 6 giờ nhưng có chợ đêm vào thứ 6 và cuối tuần.

3

A: Quy mô của chợ Đồng Xuân thế nào?

B: Đây là chợ lớn nhất của miền Bắc Việt Nam. Chợ tất cả có 3 tầng.

1

A: 동쑤언 시장은 몇 시에 문을 여나요?

B: 상점마다 다르지만, 보통 시장은 아침 7시에 문을 열어요.

2

A: 동쑤언 시장은 밤까지 문을 여나요?

B: 시장은 보통 6시에 문을 닫아요. 그렇지만 금요일과 주말에는 야시장이 있어요.

3

A: 동쑤언 시장의 규모는 어때요?

B: 여기는 베트남 북쪽 지역의 가장 큰 시장이에요. 시장은 모두 3층입니다.

준비하기

오늘의 주요 단어입니다.
학습을 시작하기 전에
단어부터 살펴보아요.

- chợ 시장
  쩌
- mở 열다
  머
- cửa hàng 가게
  끄어 항
- nhất 가장~인
  녇
- miền 지역
  미엔
- tất cả 모든
  떧 까
- khởi hành 출발하다
  커이 하잉
- theo ~에 따라
  태오
- cửa 문
  끄어
- lớn 큰
  련
- bắc 북쪽
  박
- tầng 층
  떵
- cuộc họp 회의
  꾸옵 헙
- hạ cánh 착륙하다
  하 까잉

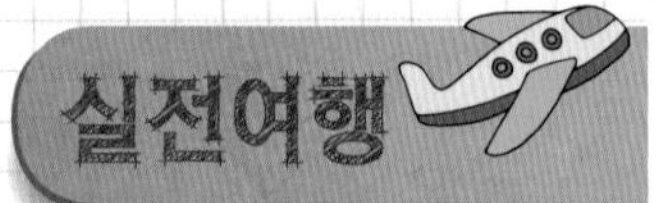

실전여행

이정도 한마디는
랜드마크에서 꼭 해보아요.
패턴으로 완벽 암기하세요.

주어 동사 lúc mấy giờ? 몇 시에 ~하나요?

- Xe lửa khởi hành lúc mấy giờ?
  쌔 르어 커이 하잉 룹 머이 져
  기차는 몇 시에 출발하나요?
- Cuộc họp bắt đầu lúc mấy giờ?
  꾸옵 헙 받 더우 룹 머이 져
  회의는 몇 시에 시작하나요?
- Nhà hàng đóng cửa lúc mấy giờ?
  냐 항 덤 끄어 룹 머이 져
  식당은 몇 시에 문을 닫나요?
- Chúng ta gặp nhau lúc mấy giờ?
  쭘 따 갑 냐우 룹 머이 져
  우리는 몇 시에 만나나요?
- Máy bay hạ cánh lúc mấy giờ?
  마이 바이 하 까잉 룹 머이 져
  비행기는 몇 시에 착륙하나요?

일지쓰기

랜드마크에서 대화한 내용을 떠올리며 빈칸을 채워보세요.

1

A: Chợ Đồng Xuân mở cửa _________?
쩌 돔 쑤언 머 끄어 룩 바이 저

B: Mỗi cửa hàng thì khác nhau, nhưng chợ thường
모이 끄어 항 티 칵 냐우 느웅 쩌 트엉
_________ lúc [1]7 giờ sáng.
머 끄어 룩 저 쌍

A: 동쑤언 시장은 몇 시에 문을 여나요?

B: 상점마다 다르지만, 보통 시장은 아침 7시에 문을 열어요.

2

A: Chợ Đồng Xuân mở cửa đến đêm không?
쩌 돔 쑤언 머 끄어 덴 뎀 콤

B: Chợ thường _________ lúc [2]6 giờ _________ có chợ
쩌 트엉 돔 끄어 룩 저 느웅 꺼 쩌
đêm vào thứ [2]6 và cuối tuần.
뎀 바오 트 바 꾸오이 뚜언

A: 동쑤언 시장은 밤까지 문을 여나요?

B: 시장은 보통 6시에 문을 닫아요. 그렇지만 금요일과 주말에는 야시장이 있어요.

3

A: Quy mô của chợ Đồng Xuân _________?
꾸이 모 꾸어 쩌 돔 쑤언 테 나오

B: Đây là chợ lớn nhất của miền Bắc Việt Nam. Chợ
더이 라 쩌 런 넛 꾸어 미엔 박 비엣 남 쩌
tất cả có 3 tầng.
떳 까 꺼 바 떵

A: 동쑤언 시장의 규모는 어때요?

B: 여기는 베트남 북쪽 지역에서 가장 큰 시장이에요. 시장은 모두 3층입니다.

참고

[1] 7 (바이)
[2] 6 (싸우)

정답

1 lúc mấy giờ, mở cửa
2 đóng cửa, nhưng
3 thế nào

08 탕롱 수상 인형극장 (Nhà hát múa rối nước Thăng Long)

오늘 배울 표현은 **얼마나 오랫동안 ~하나요?**

수상인형극은 베트남어로 'múa rối nước'이라 불리며, 물에서 춤추는 인형이란 뜻을 갖고 있다. 인형술사들이 대나무 장막 뒤에서 몸을 담근 채 인형과 연결된 대나무 막대를 조종하여 공연한다.

원래 베트남 수상 인형극은 11세기 베트남 농촌에서 수확의 기쁨을 나누기 위해 시작된 민속놀이로, 홍강 지역의 농민들이 벼농사를 마치고 즐기던 인형극 놀이가 수상인형극의 형태로 발전했다고 한다.

호안끼엠 근처에 자리한 탕롱 수상인형극장이 가장 유명하며, 관람시간은 매일 4:10, 5:20, 6:30, 8시 공연 (일요일 9:30 공연 추가)이 있다. 입장료는 성인 기준 1인 10만 동 (한화 약 5천원)이며, 공연시간은 대략 1시간 정도이다.

▶ 주소 : 57b Đinh Tiên Hoàng, Hoàn Kiếm, Hà Nội

미리보기

이번 랜드마크에서는 어떤 대화를 하는지 먼저 살펴볼까요?

원어민의 음성을 들어보세요.

Vietnam_08.mp3

1

A: Tên của nhà hát là gì?

B: Nhà hát múa rối nước Thăng Long. Nó nằm ở trên phố Đinh Tiên Hoàng.

2

A: Vé cho 1 người bao nhiêu tiền?

B: 100.000 đồng cho một người còn trẻ em thì 50.000 đồng.

3

A: Chương trình diễn trong bao lâu?

B: Chương trình thường diễn trong 1 tiếng.

1

A: 공연 극장의 이름은 무엇인가요?

B: 탕롱 수상 인형극장이에요. 딩 띠엔 호앙 길에 위치 해 있어요.

2

A: 한 사람의 티켓 가격은 얼마인가요?

B: 한 사람 당 10만 동이고요. 어린이는 5만 동이예요.

3

A: 프로그램은 얼마나 오랫동안 공연되나요?

B: 프로그램은 한 시간 동안 공연돼요.

오늘의 주요 단어입니다.
학습을 시작하기 전에
단어부터 살펴보아요.

- nhà hát 공연장, 극장 (냐 핫)
- nó 그것 (너)
- trên 위 (쩬)
- chương trình 프로그램 (쯔엉 찌잉)
- công tác 출장 (꼼 딱)
- mùa mưa 우기 (무어 므어)
- kéo dài 지속하다 (깨오 쟈이)
- múa rối 인형극 (무어 조이)
- nằm ~에 위치해 있다 (남)
- trẻ em 어린이 (째 앰)
- diễn 공연하다 (지엔)
- chiếu 상연하다 (찌에우)
- có thể ~할 수 있다 (꺼 테)
- sử dụng 사용하다 (쓰 죵)

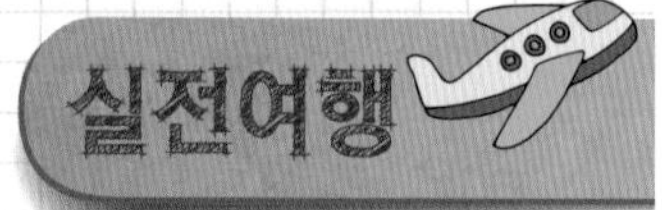

이정도 한마디는
랜드마크에서 꼭 해보아요.
패턴으로 완벽 암기하세요.

주어 동사 trong bao lâu?

얼마나 오랫동안 ~하나요?

- Anh đi du lịch Việt Nam trong bao lâu?
  아잉 디 쥬 릭 비엣 남 쫌 바오 러우
  베트남 여행을 얼마나 오랫동안 하시나요?

- Chị đi công tác trong bao lâu?
  찌 디 꼼 딱 쫌 바오 러우
  출장을 얼마나 오랫동안 가시나요?

- Phim được chiếu trong bao lâu?
  핌 드억 찌에우 쫌 바오 러우
  영화는 얼마나 오랫동안 상연되나요?

- Mùa mưa kéo dài trong bao lâu?
  무어 므어 깨오 쟈이 쫌 바오 러우
  우기는 얼마나 오랫동안 지속되나요?

- Cái này có thể sử dụng trong bao lâu?
  까이 나이 꺼 테 쓰 쥼 쫌 바오 러우
  이것은 얼마나 오랫동안 사용할 수 있나요?

일지쓰기

랜드마크에서 대화한 내용을 떠올리며 빈칸을 채워보세요.

1

A: ________ của nhà hát là gì?
뗀 꾸어 냐 핫 라 지

B: Nhà hát múa rối nước Thăng Long. Nó ________
냐 핫 무어 조이 느억 탕 롱 너 남

ở trên phố Đinh Tiên Hoàng.
어 쩬 포 딩 띠엔 호앙

A: 공연 극장의 이름은 무엇인가요?

B: 탕롱 수상 인형극장이에요. 딩 띠엔 호앙 길에 위치 해 있어요.

2

A: Vé ________ 1 người bao nhiêu tiền?
베 쩌 못 응어이 바오 니에우 띠엔

B: [1] 100.000 đồng cho một người còn trẻ em thì
동 쩌 못 응어이 껀 째 앰 티

[2] 50.000 đồng.
동

A: 한 사람의 티켓 가격은 얼마인가요?

B: 한 사람 당 10만 동이고요. 어린이는 5만 동이예요.

3

A: Chương trình diễn ________?
쯔엉 찡 지엔 쫑 바오 러우

B: Chương trình thường diễn ________ 1 tiếng.
쯔엉 찡 트엉 지엔 쫑 못 띠엥

A: 프로그램은 얼마나 오랫동안 공연되나요?

B: 프로그램은 한 시간 동안 공연돼요.

참고

[1] 100.000 (몯짬 응인)

[2] 50.000 (남므어이 응인)

정답

1 Tên, nằm

2 cho

3 trong bao lâu, trong

다음 빈칸에 들어갈 내용을 떠올리며
앞서 다녀온 랜드마크를 다시 기억해보세요.

05

하노이 서호(Hồ Tây)

주어 muốn 동사 ~을 하고 싶어요

- Tôi muốn _______ vé đi Đà Lạt.
  저는 다랏으로 가는 티켓을 예약하고 싶어요.
- Tôi muốn uống nước _______.
  저는 얼음물을 마시고 싶어요.
- Tôi muốn đổi chỗ.
  저는 자리를 바꾸고 싶어요.
- Tôi _______ trả phòng.
  저는 체크아웃을 하고 싶어요.
- Tôi muốn gọi tắc xi.
  저는 택시를 부르고 싶어요.

정답

» đặt
» đá
» muốn

06

바딘 광장(Quảng Trường Ba Đình)

주어 (có thể) 동사 được không? ~할 수 있어요?

- Anh có thể ăn rau thơm _______?
  당신은 향채를 먹을 수 있나요?
- Anh có thể đi nhanh được không?
  (택시 이용 중) 빠르게 가줄 수 있을까요?
- Tôi có thể _______ vé được không?
  제가 티켓을 환불받을 수 있을까요?
- Ở đây có thể hút thuốc lá được không?
  여기에서 담배를 필 수 있나요?
- Tôi có thể _______ ở đây được không?
  제가 여기에 앉아도 될까요?

정답

» được không
» trả lại
» ngồi

07

동쑤언 시장 (Chợ Đồng Xuân)

주어 동사 lúc mấy giờ? 몇 시에 ~하나요?

- _______ khởi hành lúc mấy giờ?
  기차는 몇 시에 출발하나요?
- Cuộc họp bắt đầu lúc _______?
  회의는 몇 시에 시작하나요?
- Nhà hàng đóng cửa lúc mấy giờ?
  식당은 몇 시에 문을 닫나요?
- Chúng ta gặp nhau lúc mấy giờ?
  우리는 몇 시에 만나나요?
- _______ hạ cánh lúc mấy giờ?
  비행기는 몇 시에 착륙하나요?

정답

» Xe lửa
» mấy giờ
» Máy bay

08

탕롱 수상 인형극장 (Nhà hát múa rối nước Thăng Long)

주어 동사 trong bao lâu? 얼마나 오랫동안 ~하나요?

- Anh đi _______ Việt Nam trong bao lâu?
  베트남 여행을 얼마나 오랫동안 하시나요?
- Chị đi công tác trong bao lâu?
  출장을 얼마나 오랫동안 가시나요?
- Phim được chiếu _______?
  영화는 얼마나 오랫동안 상연되나요?
- Mùa mưa _______ trong bao lâu?
  우기는 얼마나 오랫동안 지속되나요?
- Cái này có thể sử dụng trong bao lâu?
  이것은 얼마나 오랫동안 사용할 수 있나요?

정답

» du lịch
» trong bao lâu
» kéo dài

09 하노이 맥주 거리 (Bia phố cổ Hà Nội)

오늘 배울 표현은 **어떤 ~을 선택하겠어요?**

하노이 구시가지의 맥주 거리로 불리는 따 히엔(Tạ Hiện) 거리는 하노이를 방문하는 여행객들은 꼭 한 번 이상은 들른다는 핫플레이스이다. 호안끼엠 야시장과 연결되어 있어, 자연스럽게 여행자들의 발길이 닿기도 하며 많은 클럽과 펍, 라이브 바도 함께 위치해 있다.

여행객들은 노상에서 앉은뱅이 의자를 놓고 앉아 이 곳의 명물인 'bia hơi(베트남식 생맥주)' 또는 베트남 맥주와 함께 다양한 종류의 안주를 저렴하게 즐길 수 있다. 매일 밤마다 따 히엔 거리는 맥주를 즐기는 여행객들과 베트남의 젊은이들로 북적인다.

▶ 찾아가는 길 : Tạ Hiện, Hàng Buồm, Hoàn Kiếm, Hà Nội

미리보기

이번 랜드마크에서는 어떤 대화를 하는지 먼저 살펴볼까요?

원어민의 음성을 들어보세요.

Vietnam_09.mp3

1

A: Anh đã đến phố Hà Nội bao giờ chưa?

B: Chưa, đây là lần đầu tiên tôi đến đây.

2

A: Anh chị sẽ chọn bia nào?

B: Cho chúng tôi hai lon bia Hà Nội.

3

A: Anh thấy bia này thế nào?

B: Thơm lắm. Tôi muốn uống thử loại bia khác nữa.

1

A: 하노이 거리에 와 보신 적이 있어요?

B: 아니오. 이번이 여기에 처음 온 거예요.

2

A: 여러분들은 어떤 맥주를 드시겠어요?

B: 저희에게 하노이 맥주 두 캔을 주세요.

3

A: 당신이 느끼기에 이 맥주 어떠세요?

B: 향이 매우 좋네요. 다른 종류의 맥주도 더 마셔보고 싶네요.

오늘의 주요 단어입니다. 학습을 시작하기 전에 단어부터 살펴보아요.

- phố 길 (포)
- chưa 아직~하지 않은, 완료형 의문문 (쯔어)
- chọn 선택하다 (쩐)
- thơm 향이 좋은 (텀)
- lần 번, 횟수 (런)
- loại 종류 (로아이)
- phòng 방 (펌)
- bia 맥주 (비어)
- đầu tiên 처음 (더우 띠엔)
- lon 캔 (런)
- thấy 느끼다 (터이)
- màu 색 (마우)
- xe 차 (쎄)

이정도 한마디는 랜드마크에서 꼭 해보아요. 패턴으로 완벽 암기하세요.

주어 chọn 명사 nào? 어떤 ~을 선택하겠어요?

- Chị chọn loại nào?
  찌 쩐 로아이 나오
  어떤 종류를 선택하겠어요?
- Bạn chọn màu nào?
  반 쩐 마우 나오
  어떤 색을 선택하겠어요?
- Anh chọn chỗ nào?
  아잉 쩐 쪼 나오
  어떤 자리를 선택하겠어요?
- Chị chọn loại phòng nào?
  찌 쩐 로아이 폼 나오
  어떤 종류의 방을 선택하겠어요?
- Em chọn xe nào?
  앰 쩐 쎄 나오
  어떤 차를 선택하겠어요?

일지쓰기

랜드마크에서 대화한 내용을 떠올리며 빈칸을 채워보세요.

1

A: Anh đã đến phố Hà Nội bao giờ chưa?
아잉 다 덴 포 하 노이 바오 지 쯔이

B: ________, đây là lần đầu tiên tôi đến đây.
쯔어 더이 라 런 더우 띠엔 또이 덴 더이

A: 하노이 거리에 와 보신 적이 있어요?

B: 아니오. 이번이 여기에 처음 온 거예요.

2

A: Anh chị sẽ ________ bia nào?
아잉 찌 쌔 쩐 비어 나오

B: ________ chúng tôi hai lon bia Hà Nội.
쩌 쭘 또이 하이 런 비어 하 노이

A: 여러분들은 어떤 맥주를 드시겠어요?

B: 저희에게 하노이 맥주 두 캔을 주세요.

3

A: Anh ________ bia này thế nào?
아잉 터이 비어 나이 테 나오

B: Thơm lắm. Tôi ________ uống thử loại bia khác nữa.
텀 람 또이 무온 우옹 트 로아이 비어 칵 느아

A: 당신이 느끼기에 이 맥주 어떠세요?

B: 향이 매우 좋네요. 다른 종류의 맥주도 더 마셔보고 싶네요.

정답

1 Chưa
2 chọn, Cho
3 thấy, muốn

랜드마크 베트남 여행
닌빈
360

닌빈
(Ninh Bình)
10 짱안
생태관광 구역
11 땀꼭

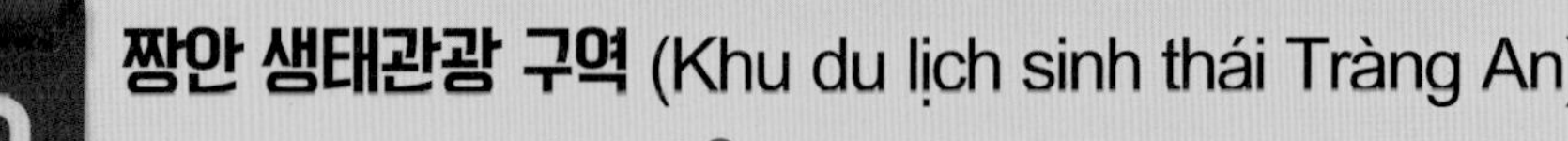

10 짱안 생태관광 구역 (Khu du lịch sinh thái Tràng An)

오늘 배울 표현은 **~하나요?**

베트남 홍강 삼각주인 닌빈에 있는 명승 문화 유적지이며, 고대 베트남의 유적과 함께 빼어난 자연경관을 간직한 곳으로 2014년 유네스코 세계 복합유산으로 등재되었다.

짱안-땀꼭-빅 동풍 치지 구는 아름다운 자연경관으로 유명하며 특히 짱안은 간헐적으로 계곡물이 침습하여 형성된 석회함 카르스트가 있는 고산준봉의 명승지로, 강을 따라 좌우로 깎아지른 듯한 절벽과 아기자기한 바위산들이 겹겹이 이어져 장관을 이루며, 바위산 아래로는 여러 개의 수상 동굴이 있다.

미리보기

이번 랜드마크에서는 어떤 대화를 하는지 먼저 살펴볼까요?

원어민의 음성을 들어보세요.

Vietnam_10.mp3

1

A: Tràng An cách Hà Nội mấy km?

B: Tràng An cách Hà Nội khoảng 93 km về phía Nam.

2

A: Tham quan Tràng An bằng gì?

B: Bạn sẽ tham quan khoảng 2 tiếng bằng thuyền nhỏ.

3

A: Tham quan Tràng An có thú vị không?

B: Tuyệt vời lắm! Bạn sẽ ngắm cảnh đẹp với 9 hang động.

1

A: 짱안은 하노이로부터 몇 km 떨어져 있나요?

B: 짱안은 하노이로부터 대략 남쪽으로 93km 정도 떨어져 있어요.

2

A: 짱안은 무엇을 타고 관광하나요?

B: 2시간 정도 작은 보트로 관광할 거예요.

3

A: 짱안을 관광하는 것은 재밌나요?

B: 굉장히 재밌죠! 9개의 동굴과 함께 예쁜 풍경을 감상할 거예요.

오늘의 주요 단어입니다.
학습을 시작하기 전에
단어부터 살펴보아요.

- cách ~로부터 떨어진
  까익
- về ~에 대해
  붸
- tham quan 관광하다
  탐 꾸안
- tiếng 시간
  띠엥
- tuyệt vời 굉장한
  뚜옌 붜이
- hang động 동굴
  항 돔
- áo dài 아오자이
  아오 쟈이
- khoảng 대략
  쾅앙
- phía Nam 남쪽
  퓌어 남
- bằng ~로(써)
  방
- thuyền 배
  투옌
- ngắm 감상하다
  응암
- từ A đến B A부터 B까지
  뜨 A 덴 B
- tham gia 참가하다
  탐 쟈

이정도 한마디는
랜드마크에서 꼭 해보아요.
패턴으로 완벽 암기하세요.

주어 có 동/형 không? ~하나요?

- Bạn có khỏe không?
  반 꺼 쾌 콤
  건강하니? (잘 지냈니?)
- Chị có uống rượu không?
  찌 꺼 우옴 즈어우 콤
  당신(여)은 술을 드시나요?
- Từ đây đến siêu thị có xa không?
  뜨 더이 덴 씨에우 티 꺼 싸 콤
  여기에서 슈퍼까지 먼가요?
- Ở đây có bán áo dài không?
  어 더이 꺼 반 아오 자이 콤
  여기는 아오자이를 파나요?
- Bạn có tham gia không?
  반 꺼 탐 쟈 콤
  너는 참가하니?

일지쓰기

랜드마크에서 대화한 내용을 떠올리며 빈칸을 채워보세요.

1

A: Tràng An ________ Hà Nội mấy km?
짱 안 까익 하 노이 머이 끼로 멘

B: Tràng An ________ Hà Nội khoảng [1] 93 km về
짱 안 까익 하 노이 콰 벤

phía Nam.
퓌어 남

A: 짱안은 하노이로부터 몇 km 떨어져 있나요?

B: 짱안은 하노이로부터 대략 남쪽으로 93km 정도 떨어져 있어요.

2

A: ________ Tràng An bằng gì?
탐 꽌 짱 안 방 지

B: Bạn sẽ tham quan khoảng [2] 2 tiếng bằng thuyền
반 쌔 탐 꽌 콰 띠엥 방 투옌

nhỏ.
녀

A: 짱안은 무엇을 타고 관광하나요?

B: 2시간 정도 작은 보트로 관광할 거예요.

3

A: Tham quan Tràng An có ________ không?
탐 꽌 짱 안 꺼 투 븨 콤

B: Tuyệt vời lắm! Bạn sẽ ngắm cảnh đẹp với 9
뚜옛 뷔이 람 반 쌔 응암 까잉 댑 뷔이 찐

hang động.
항 동

A: 짱안을 관광하는 것은 재밌나요?

B: 굉장히 재밌죠! 9개의 동굴과 함께 예쁜 풍경을 감상할 거예요.

참고

[1] 93 km (찐 므이이 바 끼로 멘)
[2] 2 (하이)

정답

[1] cách
[2] Tham quan
[3] thú vị

11 땀꼭 (Tam Cốc)

오늘 배울 표현은 **~이 아니에요**

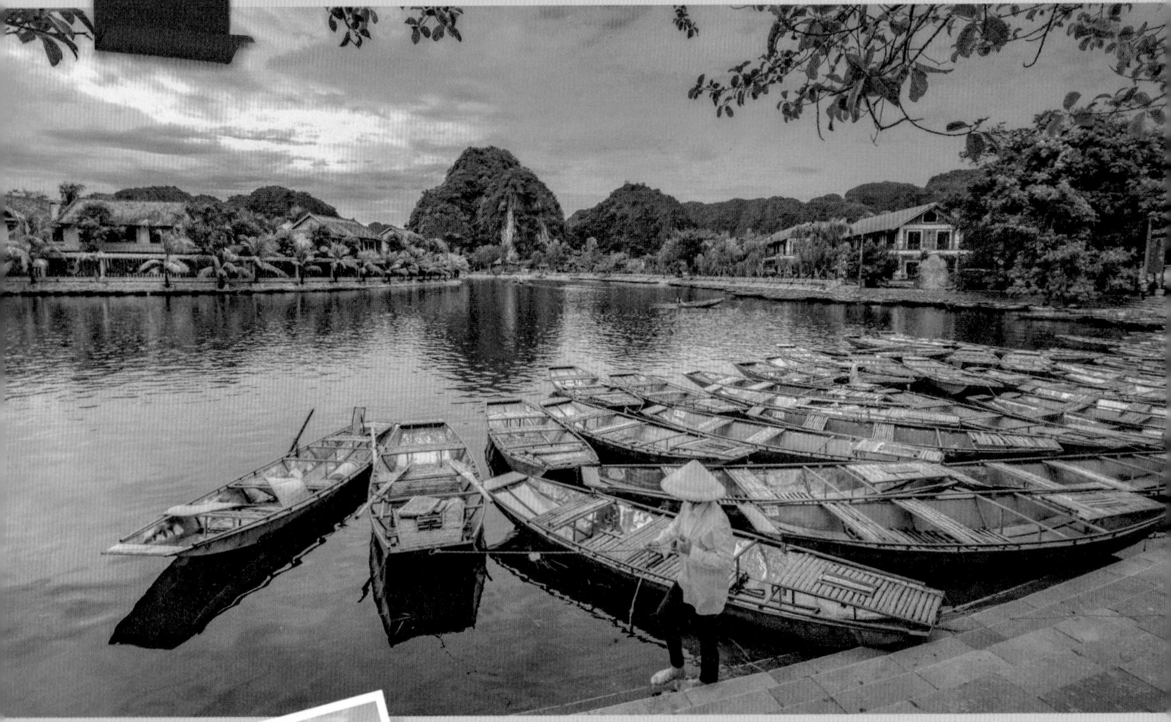

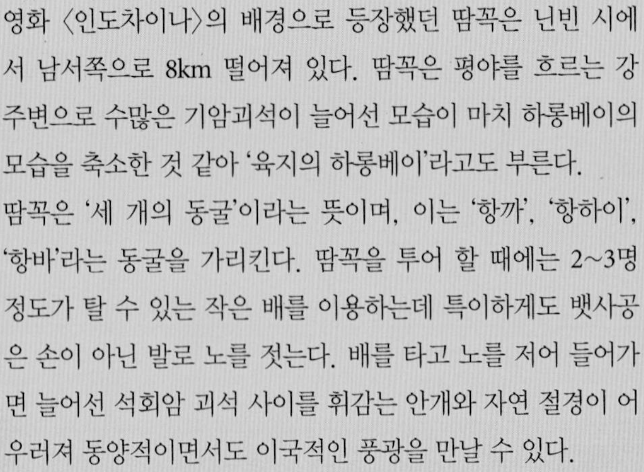

영화 〈인도차이나〉의 배경으로 등장했던 땀꼭은 닌빈 시에서 남서쪽으로 8km 떨어져 있다. 땀꼭은 평야를 흐르는 강 주변으로 수많은 기암괴석이 늘어선 모습이 마치 하롱베이의 모습을 축소한 것 같아 '육지의 하롱베이'라고도 부른다.

땀꼭은 '세 개의 동굴'이라는 뜻이며, 이는 '항까', '항하이', '항바'라는 동굴을 가리킨다. 땀꼭을 투어 할 때에는 2~3명 정도가 탈 수 있는 작은 배를 이용하는데 특이하게도 뱃사공은 손이 아닌 발로 노를 젓는다. 배를 타고 노를 저어 들어가면 늘어선 석회암 괴석 사이를 휘감는 안개와 자연 절경이 어우러져 동양적이면서도 이국적인 풍광을 만날 수 있다.

▶ 가는 방법 : 하노이에서 투어로 이동하는 것이 일반적이다. 자가 운전 시 하노이에서 남쪽으로 1번 국도를 따라 1시간 40분 이동

미리보기

이번 랜드마크에서는 어떤 대화를 하는지 먼저 살펴볼까요?

원어민의 음성을 들어보세요.

Vietnam _11.mp3

1

A: Tam Cốc có nghĩa đặc biệt không?

B: Tam Cốc có nghĩa là 'ba hang', gồm hang Cả, hang Hai và hang Ba.

2

A: Phong cảnh Tam Cốc thế nào?

B: Đẹp lắm! Người ta gọi là 'Vịnh Hạ Long trên cạn'

3

A: Nghe nói có tour xe đạp ở Tam Cốc, phải không?

B: Phải. Nếu trời không mưa thì bạn thử đi.

1

A: 땀꼭은 특별한 의미가 있나요?

B: 땀꼭은 '세 개의 동굴'을 의미해요. 제1동굴, 제2동굴, 제3동굴이요.

2

A: 땀꼭의 풍경은 어때요?

B: 굉장히 예쁘죠! 사람들은 육지의 하롱베이라고 불러요.

3

A: 땀꼭에 자전거 투어가 있다고 들었어요. 맞나요?

B: 맞아요. 만약 비가 오지 않는다면, 시도해보세요.

준비하기

오늘의 주요 단어입니다. 학습을 시작하기 전에 단어부터 살펴보아요.

- nghĩa 의미
  응이어
- gồm 포함하다
  곰
- cạn đất liền 육지
  깐 덧 리엔
- nếu A thì B 만약 A 하면 B 하다
  네우 A 티 B
- thử 시도하다
  트
- ~ đi 제안/명령의 조사
  디
- nhanh 빠른
  냐잉
- đặc biệt 특별한
  닥 비엣
- phong cảnh 풍경
  펑 까잉
- xe đạp 자전거
  쌔 답
- trời 날씨, 하늘
  쩌이
- thịt bò 소고기
  틷 버
- tiền mặt 현금
  띠엔 맏

실전여행

이정도 한마디는 랜드마크에서 꼭 해보아요. 패턴으로 완벽 암기하세요.

주어 không 동/형 ~이 아니에요

- Hôm nay trời **không** nóng.
  홈 나이 쩌이 콤 놈
  오늘 날씨가 덥지 않아요.

- Ngày mai nhà hàng đó **không** mở cửa.
  응아이 마이 냐 항 더 콤 머 끄어
  내일 그 식당은 문을 열지 않아요.

- Tôi **không** ăn thịt bò.
  또이 콤 안 틷 버
  저는 소고기를 먹지 않아요.

- Tôi **không** muốn đi nhanh.
  또이 콤 무온 디 나잉
  저는 빠르게 가고 싶지 않아요.

- Xin lỗi, tôi **không** có tiền mặt.
  씬 로이 또이 콤 꺼 띠엔 맏
  죄송하지만, 저는 현금이 없어요.

일지쓰기

랜드마크에서 대화한 내용을 떠올리며 빈칸을 채워보세요.

1

A: Tam Cốc có nghĩa _________ không?
땀 꼽 끼 응이어 닥 비엔 콩

B: Tam Cốc có nghĩa là 'ba hang', gồm hang Cả, hang Hai và hang Ba.
땀 꼽 끼 응이어 라 바 항 곰 항 까 항 하이 봐 항 바

A: 땀꼭은 특별한 의미가 있나요?

B: 땀꼭은 '세 개의 동굴'을 의미해요. 제1동굴, 제2동굴, 제3동굴이요.

2

A: Phong cảnh Tam Cốc _________?
펑 까잉 땀 꼽 테 나오

B: Đẹp lắm! Người ta gọi là 'Vịnh Hạ Long trên cạn'
댑 람 응어이 따 거이 라 빙 하 렁 쩬 깐

A: 땀꼭의 풍경은 어때요?

B: 굉장히 예쁘죠! 사람들은 육지의 하롱베이라고 불러요.

3

A: Nghe nói có tour xe đạp ở Tam Cốc, phải không?
응애 너이 꺼 뚜어 쌔 답 어 땀 꼽 퐈이 콩

B: Phải. Nếu trời _________ mưa thì bạn thử đi.
퐈이 네우 쩌이 콩 므어 티 반 트 디

A: 땀꼭에 자전거 투어가 있다고 들었어요. 맞나요?

B: 맞아요. 만약 비가 오지 않는다면, 시도해보세요.

정답

1 đặc biệt
2 thế nào
3 không

랜드마크 베트남 여행
꽝닌

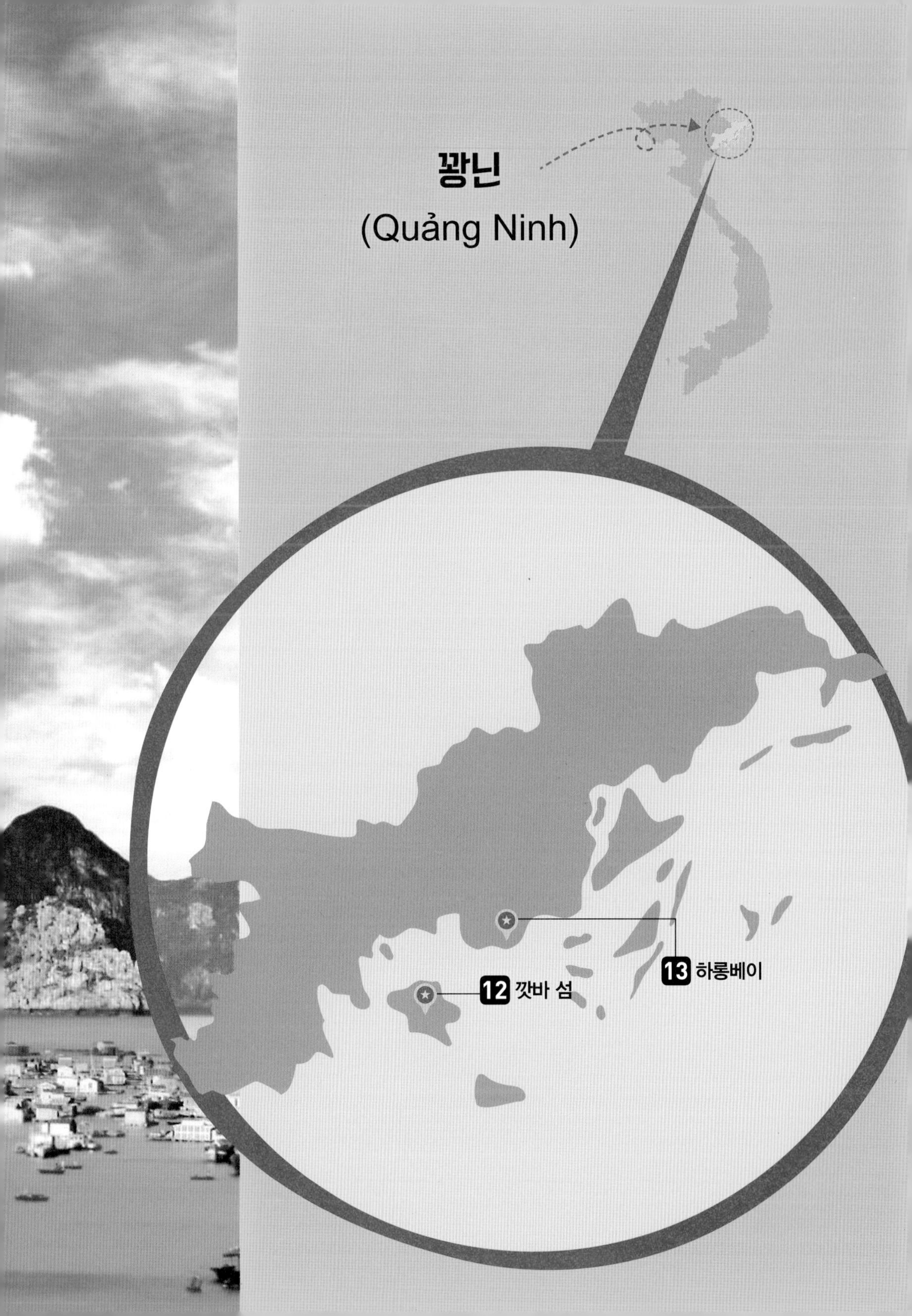
꽝닌
(Quảng Ninh)
13 하롱베이
12 깟바 섬

12 깟바 섬 (Đảo Cát Bà)

오늘 배울 표현은 **~하는 편이 좋겠어요**

베트남 북부 하롱베이에 가장 큰 섬으로 하이퐁 중심가로부터 약 30km, 하롱으로부터는 약 25km 떨어져 있으며, 면적은 140㎢에 달한다. 깟바 섬은 진주 섬(đảo Ngọc)이라고도 불리며, 호텔과 리조트, 사원 등 주변 시설 및 관광지도 꽤 발전해 있는 편이다.

한편 깟바 섬은 2004년에 유네스코 세계 자연 유산으로 지정됐으며 멸종 위기에 처한 깟바 원숭이, 사향고양이, 오리엔탈 자이언트 다람쥐 등이 서식하고 있다. 관광 코스로는 국립공원 트레킹, 깟바 마을 숙박이나 까이 베오만 보트 타기 등이 있다.

▶ 가는 방법 : 하이퐁에 있는 선착장에서 배를 타고 갈 수 있다.

미리보기

이번 랜드마크에서는 어떤 대화를 하는지 먼저 살펴볼까요?

원어민의 음성을 들어보세요.

Vietnam _12.mp3

1

A: Đảo Cát Bà nằm ở đâu?

B: Đảo Cát Bà cách trung tâm Hải Phong khoảng 30km.

2

A: Ở đảo Cát Bà có nơi nào nhìn cảnh trí không?

B: Bạn nên đi Cannon Fort. Ở đó có đài quan sát.

3

A: Ở đào Cát Bà có nhiều khách sạn không?

B: Không có nhiều khách sạn sang trọng nhưng có nhiều khu nghỉ mát gần bãi biển.

1

A: 깟바 섬은 어디에 위치해 있나요?

B: 깟바 섬은 하이퐁 중심가로부터 30km 정도 떨어져 있어요.

2

A: 깟바 섬에 경치를 볼 수 있는 곳이 있나요?

B: 캐논 포트에 가는 게 좋겠어요. 그곳에 전망대가 있어요.

3

A: 깟바 섬에는 호텔이 많나요?

B: 고급스러운 호텔은 많이 없지만 해변 가까이에 리조트들은 많이 있어요.

오늘의 주요 단어입니다. 학습을 시작하기 전에 단어부터 살펴보아요.

- đảo 섬 (다오)
- nơi 장소 (너이)
- cảnh trí 경치 (까잉 찌)
- đài quan sát 전망대 (다이 꾸안 쌋)
- sang trọng 고급스러운 (쌍 쫑)
- mang theo 들고 가다 (망 태오)
- đổi A lấy B A를 B로 바꾸다 (도이 A 러이 B)
- thuộc ~에 속하다 (투옥)
- nhìn 보다, 응시하다 (닌)
- khu nghỉ mát 리조트 (쿠 응이 맛)
- bãi biển 해변 (바이 비엔)
- đồ lưu niệm 기념품 (도 루 니엠)
- ghé 들르다 (개)
- nhà thuốc 약국 (냐 투옥)

이정도 한마디는 랜드마크에서 꼭 해보아요. 패턴으로 완벽 암기하세요.

주어 nên 동/형 ~하는 편이 좋겠어요

- Bạn nên đi mang theo áo mưa.
  반 넨 디 망 태오 아오 므어
  비옷을 가져가는 편이 좋겠어.

- Chị nên nghỉ ở tiệm cà phê một chút.
  찌 넨 응이 어 띠엠 까 페 못 쭛
  당신(여)은 커피숍에서 잠시 쉬는 게 좋겠어요.

- Anh nên đổi áo này lấy áo khác.
  아잉 넨 도이 아오 나이 러이 아오 칵
  당신(남)은 이 옷을 다른 옷으로 바꾸는 게 좋겠어요.

- Chúng ta nên mua đồ lưu niệm ở đây.
  쭝 따 넨 무어 도 루 니엠 어 더이
  우리는 여기서 기념품을 사는 게 좋겠어요.

- Chị nên ghé nhà thuốc.
  찌 넨 개 냐 투옥
  당신(여)은 약국에 들리는 게 좋겠어요.

일지쓰기

랜드마크에서 대화한 내용을 떠올리며 빈칸을 채워보세요.

1

A: Đảo Cát Bà nằm ở ________?
다오 깟 바 남 어 디우

B: Đảo Cát Bà cách trung tâm Hải Phong khoảng
다오 깟 바 까익 쭘 떰 하이 퐁 광

[1] 30 km.

A: 깟바 섬은 어디에 위치해 있나요?

B: 깟바 섬은 하이퐁 중심가로부터 30km 정도 떨어져 있어요.

2

A: Ở đảo Cát Bà có nơi nào nhìn cảnh trí không?
어 다오 깟 바 꼬 너이 나오 닌 까잉 찌 콤

B: Bạn ________ đi Cannon Fort. Ở đó có đài quan sát.
반 넨 디 Cannon Fort 어 더 꼬 다이 꽌 쌋

A: 깟바 섬에 경치를 볼 수 있는 곳이 있나요?

B: 캐논 포트에 가는 게 좋겠어요. 그곳에 전망대가 있어요.

3

A: Ở đảo Cát Bà có nhiều ________ không?
어 다오 깟 바 꼬 니에우 카익 산 콤

B: Không có nhiều khách sạn sang trọng nhưng có nhiều khu nghỉ mát gần bãi biển.
꼬 니에우 카익 산 쌍 쫌 늬응 꼬 니에우 쿠 응이 맛 건 바이 비엔

A: 깟바 섬에는 호텔이 많나요?

B: 고급스러운 호텔은 많이 없지만 해변 가까이에 리조트들은 많이 있어요.

참고

[1] 30 km (바 므어이 끼로 멘)

정답

[1] đâu
[2] nên
[3] khách sạn

나음 빈칸에 들어갈 내용을 떠올리며
앞서 다녀온 랜드마크를 다시 기억해보세요.

09

하노이 맥주 거리(Bia phố cổ Hà Nội)

주어 chọn 명사 nào? 어떤 ~을 선택하겠어요?

- Chị chọn ______ nào?
  어떤 종류를 선택하겠어요?
- Bạn chọn ______ nào?
  어떤 색을 선택하겠어요?
- Anh chọn chỗ nào?
  어떤 자리를 선택하겠어요?
- Chị ______ loại phòng ______?
  어떤 종류의 방을 선택하겠어요?
- Em chọn xe nào?
  어떤 차를 선택하겠어요?

정답

» loại
» màu
» chọn
» nào

10

짱안 생태관광 구역(Khu du lịch sinh thái Tràng An)

주어 có 동/형 không? ~하나요?

- Bạn ______ khỏe ______?
  건강하니? (잘 지냈니?)
- Chị có uống rượu không?
  당신(여)은 술을 드시나요?
- Từ đây đến ______ có xa không?
  여기에서 슈퍼까지 먼가요?
- Ở đây có bán áo dài không?
  여기는 아오자이를 파나요?
- Bạn có ______ không?
  너는 참가하니?

정답

» có
» không
» siêu thị
» tham gia

11

땀꼭(Tam Cốc)

주어 không 동/형 ~이 아니에요

- Hôm nay trời ______ nóng.
  오늘 날씨가 덥지 않아요.
- Ngày mai nhà hàng đó không ______.
  내일 그 식당은 문을 열지 않아요.
- Tôi không ăn thịt bò.
  저는 소고기를 먹지 않아요.
- Tôi không muốn đi ______.
  저는 빠르게 가고 싶지 않아요.
- Xin lỗi, tôi không có tiền mặt.
  죄송하지만, 저는 현금이 없어요.

정답

» không
» mở cửa
» nhanh

12

깟바 섬(Đảo Cát Bà)

주어 nên 동/형 ~하는 편이 좋겠어요

- Bạn ______ đi mang theo áo mưa.
  비옷을 가져가는 편이 좋겠어.
- Chị nên nghỉ ở tiệm cà phê một chút.
  당신(여)은 커피숍에서 잠시 쉬는 게 좋겠어요.
- Anh nên ______ áo này ______ áo khác.
  당신(남)은 이 옷을 다른 옷으로 바꾸는 게 좋겠어요.
- Chúng ta nên mua đồ lưu niệm ở đây.
  우리는 여기서 기념품을 사는 게 좋겠어요.
- Chị nên ghé ______.
  당신(여)은 약국에 들리는 게 좋겠어요.

정답

» nên
» đổi
» lấy
» nhà thuốc

13 하롱베이 (Vịnh Hạ Long)

오늘 배울 표현은 **~할 필요가 있어요**

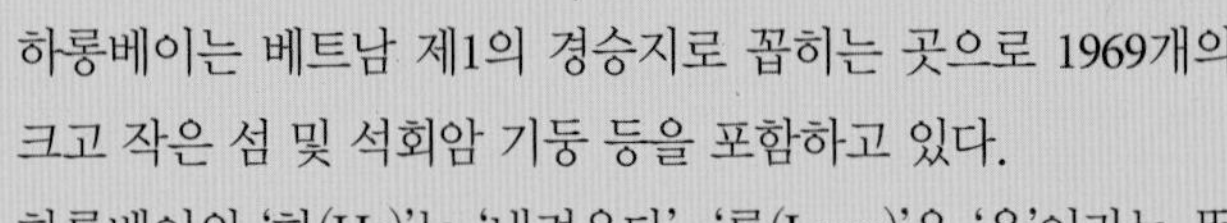

하롱베이는 베트남 제1의 경승지로 꼽히는 곳으로 1969개의 크고 작은 섬 및 석회암 기둥 등을 포함하고 있다.

하롱베이의 '하(Hạ)'는 '내려온다', '롱(Long)'은 '용'이라는 뜻으로, '하롱'이란 하늘에서 내려온 용을 의미한다. 이 지명은 바다 건너에서 온 침략자를 막기 위해 하늘에서 용이 내려와 보석과 구슬을 내뿜은 것이 여러 가지 모양의 기암으로 바뀌어 침략자를 물리치게 되었다는 전설에서 유래한다.

크고 작은 섬과 기암이 에메랄드빛 바다 위로 불쑥불쑥 솟아 있는 모습이 절경을 이루며, 기후나 태양 빛의 변화에 따라 그 모습이 미묘하게 달라 멋진 풍경을 만날 수 있다.

- ▶ 가는 길 : 하노이에서 차로 약 4시간을 이동하고, 로컬 버스를 이용하면 약 6시간이 소요.
- ▶ 하이퐁(Hải Phòng)에서 버스로 이동시 약 3시간이, 하이퐁의 벤 바크 당 선착장(bến Bạch Đằng)에서 페리 이용 시 약 3~4시간이 소요됨.

미리보기

이번 랜드마크에서는 어떤 대화를 하는지 먼저 살펴볼까요?

원어민의 음성을 들어보세요.

Vietnam _13.mp3

1

A: Vịnh Hạ Long được Unesco công nhận à?

B: Đúng rồi. Vịnh Hạ Long được Unesco công nhận là di sản thế giới vào năm 1994.

2

A: Vịnh Hạ Long có bao nhiêu hòn đảo?

B: Vịnh Hạ Long có gần 2.000 đảo lớn nhỏ, trong đó có 900 đảo có tên gọi.

3

A: Vịnh Hạ Long có những loại tour gì?

B: Có tour thuyền, tour hang động v.v.. Bạn cần đủ thời gian để tham quan.

1

A: 하롱베이는 유네스코로부터 공인되었나요?

B: 맞아요. 하롱베이는 1994년에 유네스코로부터 세계유산으로 공인되었어요.

2

A: 하롱베이에는 몇 개의 섬이 있나요?

B: 하롱베이에는 2,000개 가까이의 크고 작은 섬이 있고, 그중에 900개의 섬이 이름을 가지고 있어요.

3

A: 하롱베이에는 어떤 투어들이 있나요?

B: 배 투어, 동굴 투어 등이 있어요. 관광하려면 충분한 시간이 필요해요.

오늘의 주요 단어입니다. 학습을 시작하기 전에 단어부터 살펴보아요.

- công nhận 공인하다
  꼼 년
- hòn đảo 섬
  헌 다오
- những ~들
  늬응
- để ~하기 위해
  데
- đổi tiền 환전하다
  도이 띠엔
- quần áo 옷
  꿘 아오
- gửi 보내다, 보관하다
  그이
- di sản thế giới 세계 유산
  지 산 테 저이
- đúng 옳은
  둥
- đủ 충분한
  두
- đặt 예약하다
  닫
- giặt 세탁하다
  잗
- bắt 잡다
  받
- hành lý 짐
  하잉 리

이정도 한마디는 랜드마크에서 꼭 해보아요. 패턴으로 완벽 암기하세요.

주어 cần 동/형 ~할 필요가 있어요

- Tôi cần đổi tiền.
  또이 껀 도이 띠엔
  저는 환전할 필요가 있어요.

- Anh cần đặt vé trước.
  아잉 껀 닫 붸 쯔억
  당신(남)은 티켓을 미리 예약할 필요가 있어요.

- Tôi cần giặt quần áo.
  또이 껀 잗 꿘 아오
  저는 옷을 세탁할 필요가 있어요.

- Tôi cần bắt tắc xi.
  또이 껀 받 딱 씨
  저는 택시를 잡을 필요가 있어요.

- Tôi cần gửi hành lý ở khách sạn.
  또이 껀 그이 하잉 리 어 카익 산
  저는 호텔에 짐을 맡길 필요가 있어요.

일지쓰기

랜드마크에서 대화한 내용을 떠올리며 빈칸을 채워보세요.

1

A: Vịnh Hạ Long được Unesco công nhận à?
빙 하 롱 드억 Unesco 꽁 년 아

B: _________ rồi. Vịnh Hạ Long được Unesco công
둥 조이 빙 하 롱 드억 Unesco 꽁

nhận là di sản thế giới vào năm [1] 1994.
년 라 지 산 테 저이 봐오 남

A: 하롱베이는 유네스코로부터 공인되었나요?

B: 맞아요. 하롱베이는 1994년에 유네스코로부터 세계유산으로 공인되었어요.

2

A: Vịnh Hạ Long có _________ hòn đảo?
빙 하 롱 꺼 바오 니에우 헌 다오

B: Vịnh Hạ Long có gần [2] 2.000 đảo lớn nhỏ, trong
빙 하 롱 꺼 건 다오 런 녀 쩡

đó có [3] 900 đảo có tên gọi.
더 꺼 다오 꺼 뗀 거이

A: 하롱베이에는 몇 개의 섬이 있나요?

B: 하롱베이에는 2,000개 가까이의 크고 작은 섬이 있고, 그중에 900개의 섬이 이름을 가지고 있어요.

3

A: Vịnh Hạ Long có những loại tour gì?
빙 하 롱 꺼 녀응 로아이 뚜어 지

B: Có tour thuyền, tour hang động v.v.. Bạn
꺼 뚜어 투옌 뚜어 항 동 뷘.뷘 반

_________ đủ thời gian để tham quan.
껀 두 터이 잔 데 탐 꽌

A: 하롱베이에는 어떤 투어들이 있나요?

B: 배 투어, 동굴 투어 등이 있어요. 관광하려면 충분한 시간이 필요해요.

참고

1 1994 (몯 응인 찐 짬 찐 므어이 뜨)
2 2.000 (하이 응인)
3 900 (찐 짬)

정답

1 Đúng
2 bao nhiêu
3 cần

라오까이

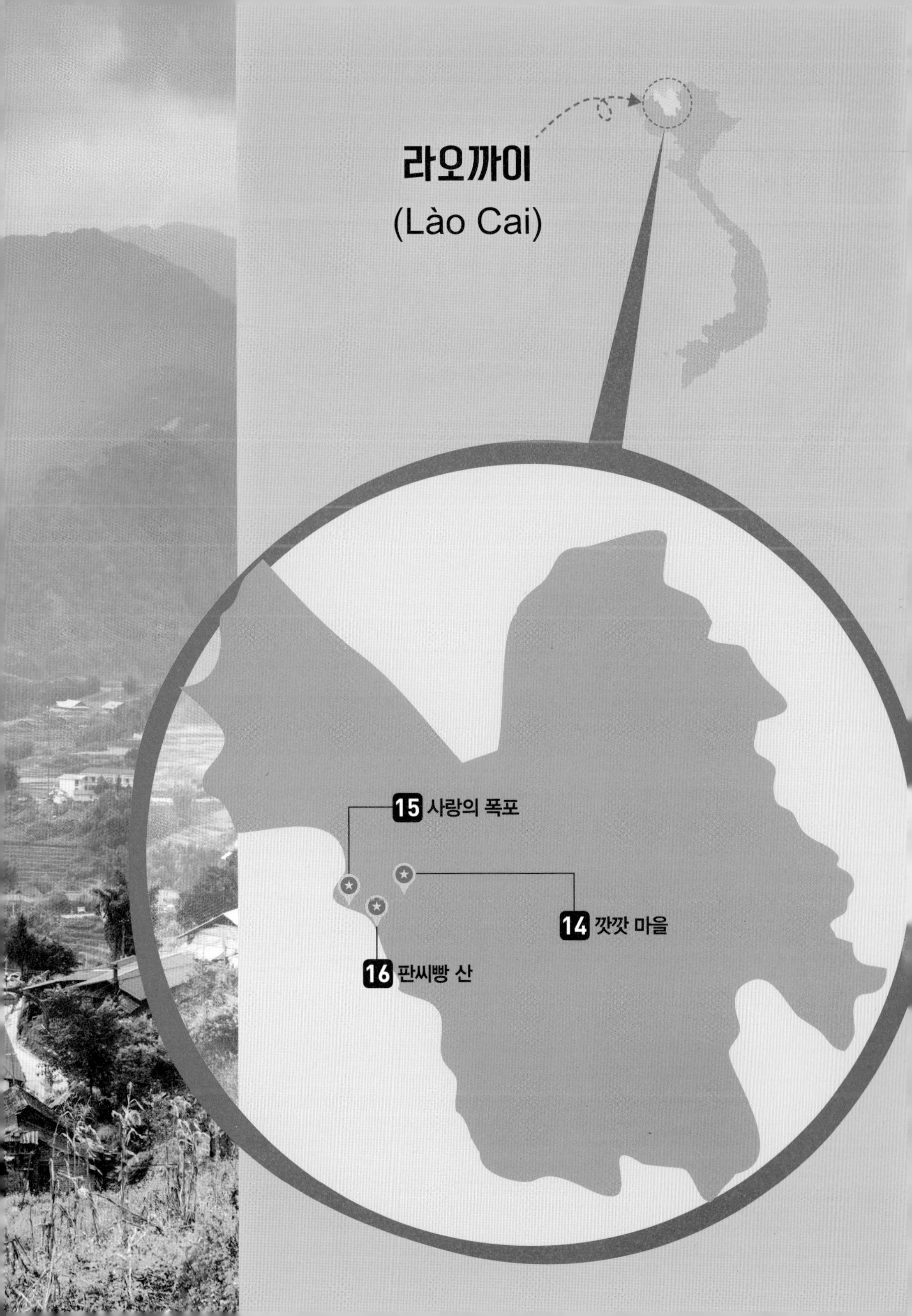
라오까이
(Lào Cai)
15 사랑의 폭포
14 깟깟 마을
16 판씨빵 산

14 깟깟 마을(Bản Cát Cát)

오늘 배울 표현은 **이미~했어요**

깟깟 마을은 싸파로부터 2km 정도 떨어진 마을로, 베트남의 소수민족인 몽(Mông)족이 주로 살고 있다. 싸파를 찾는 여행객들이 꼭 방문하는 장소 중에 하나로, 몽족들이 사는 모습을 가까이서 보고, 그들의 문화를 체험할 수 있는 장소이다. 싸파에서 작은 언덕을 넘으면 넓은 계곡과 함께 지형에 광범위하게 위치한 계단식 논과 밭이 보이는데, 이 곳이 바로 깟깟 마을이며 19세기 중반부터 소수 민족들 중 일부가 산허리에 모여 살기 시작하면서 형성되었다고 한다.

미리보기

이번 랜드마크에서는 어떤 대화를 하는지 먼저 살펴볼까요?

원어민의 음성을 들어보세요.

Vietnam _14.mp3

1

A: Bản Cát Cát là nơi nào?

B: Đây là một bản làng của người dân tộc Mông.

2

A: Ở bản Cát Cát có gì đặc biệt không?

B: Bạn có thể tìm hiểu văn hóa của dân tộc thiểu số và cũng có thể mua hàng thủ công của họ.

3

A: Bạn đã đi tour bản Cát Cát chưa?

B: Rồi, mình đã đến 1 lần rồi. Bạn cũng đi thử nhé.

1

A: 깟깟 마을은 어떤 장소인가요?

B: 여기는 몽 민족이 살고 있는 한 마을이에요.

2

A: 깟깟 마을에는 뭐 특별한 게 있나요?

B: 소수 민족의 문화를 이해할 수 있고요. 그들의 수공예 제품도 살 수 있어요.

3

A: 깟깟 마을에 투어를 가본 적 있나요?

B: 네. 저는 한번 가봤어요. 당신도 한 번 가보세요.

오늘의 주요 단어입니다. 학습을 시작하기 전에 단어부터 살펴보아요.

- thôn 마을 (톤)
- của ~의(것) (꾸어)
- dân tộc 민족 (전 똡)
- văn hóa 문화 (봔 호아)
- hàng thủ công 수공품 (항 투 꽁)
- hết ~이 다 떨어지다, 전부 (헫)
- đặt 예약하다 (닫)
- cư trú 거주하다 (끄 쭈)
- cũng ~도 역시 (꿍)
- tìm hiểu 이해하다, 고찰하다 (띰 히에우)
- dân tộc ít người 소수민족 (전 똡 읻 응어이)
- họ 그들 (허)
- cửa hàng 가게 (끄어 항)
- về nước 귀국하다 (베 느억)

이정도 한마디는 랜드마크에서 꼭 해보아요. 패턴으로 완벽 암기하세요.

주어 (đã) 동/형 rồi 이미~했어요

- Tôi đã đặt phòng rồi.
  또이 다 닫 퐁 조이
  저는 방을 이미 예약했어요.

- Anh ấy đã về nước rồi.
  아잉 어이 다 베 느억 조이
  그는 이미 귀국했어요.

- Chủ nhật thì đã hết vé rồi.
  쭈 녇 티 다 헫 베 조이
  일요일은 티켓이 이미 다 매진되었어요.

- Cửa hàng đó đã đóng cửa rồi.
  끄어 항 더 다 덤 끄어 조이
  그 가게는 이미 문을 닫았어요.

- Tôi đã đi du lịch Sa Pa một lần rồi.
  또이 다 디 쥬 릭 싸 빠 몯 런 조이
  저는 싸파에 한 번 여행 갔었어요.

일지쓰기

랜드마크에서 대화한 내용을 떠올리며 빈칸을 채워보세요.

1

A: Bản Cát Cát là ________ nào?
반 깟 깟 라 너이 나오

B: Đây là một bản làng của người dân tộc Mông.
더이 라 몯 반 랑 꾸어 응어이 전 뜹 몸

A: 깟깟 마을은 어떤 장소인가요?

B: 여기는 몽 민족이 살고 있는 한 마을이에요.

2

A: Ở bản Cát Cát có gì đặc biệt không?
어 반 깟 깟 꺼 지 닥 비엔 콤

B: Bạn có thể tìm hiểu ________ của dân tộc thiểu số và cũng ________ mua hàng thủ công của họ.
반 꺼 테 띰 히에우 봔 호아 꾸어 전 뜹 티에우
쏘 봐 꿈 꺼 테 무어 항 투 꼼 꾸어 허

A: 깟깟 마을에는 뭐 특별한 게 있나요?

B: 소수 민족의 문화를 이해할 수 있고요. 그들의 수공예 제품도 살 수 있어요.

3

A: Bạn đã đi tour bản Cát Cát chưa?
반 다 디 뚜어 반 깟 깟 쯔어

B: Rồi, mình ________ đến 1 lần ________. Bạn cũng đi thử nhé.
죠이 밍 다 덴 몯 런 죠이 반
꿈 디 트 네

A: 깟깟 마을에 투어를 가본 적 있나요?

B: 네. 저는 한 번 가봤어요. 당신도 한 번 가보세요.

정답

1 nơi
2 văn hóa, có thể
3 đã, rồi

15 사랑의 폭포(Thác tình yêu)

오늘 배울 표현은 **아직~하지 않았어요**

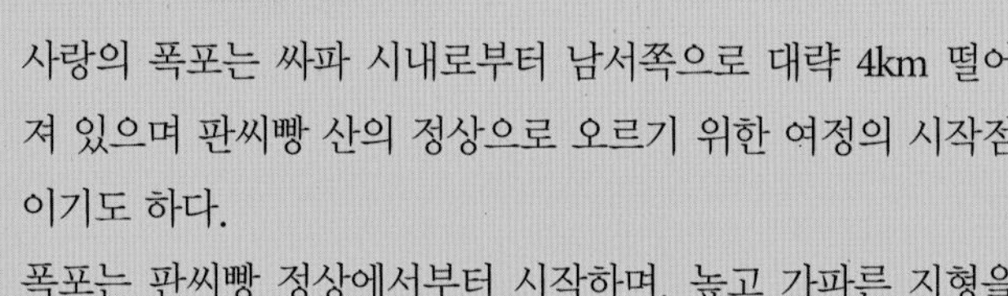

사랑의 폭포는 싸파 시내로부터 남서쪽으로 대략 4km 떨어져 있으며 판씨빵 산의 정상으로 오르기 위한 여정의 시작점이기도 하다.

폭포는 판씨빵 정상에서부터 시작하며, 높고 가파른 지형을 통과하여 흐른다. 멀리서 볼 때, 폭포는 논라(Nón lá–베트남식 모자)처럼 보이며, 폭포 주변에는 다양한 식물이 서식하고 있다.

"사랑의 폭포"라는 이름은 아이 라오 산맥을 통치하는 산신의 장남이자 나무꾼이었던 오 꾸이 호(Ô Qui Hồ)와 일곱 번째 요정과 사랑 이야기의 전설에서 유래했다.

미리보기

이번 랜드마크에서는 어떤 대화를 하는지 먼저 살펴볼까요?

원어민의 음성을 들어보세요.

Vietnam_15.mp3

1

A: Sao người ta gọi là thác tình yêu?

B: Vì người ta tin rằng đến thác này thì tình yêu sẽ thành công.

2

A : Chúng ta có phải mua vé tham quan khi vào không?

B : Có. Chúng ta phải mua vé tham quan. 70.000 đồng cho một người.

3

A: Vào cửa rồi mà mình chưa tìm thấy thác được.

B: Cứ đi vào khoảng 30 phút thì có thể thấy được.

1

A: 왜 사람들이 사랑의 폭포라고 부르나요?

B: 왜냐하면 사람들은 이 폭포에서 사랑이 이루어진다고 믿기 때문이에요.

2

A: 들어갈 때 관람권을 사야 하나요?

B: 네, 우리는 관람권을 사야만 해요. 한 사람당 70,000동이에요.

3

A: 입구에 들어왔지만, 폭포를 아직 찾을 수 없네요.

B: 30분 정도 계속 들어가면 보일 거예요.

오늘의 주요 단어입니다.
학습을 시작하기 전에
단어부터 살펴보아요.

- thác 계곡 (탁)
- sao 왜 (싸오)
- tin rằng ~ ~라고 믿다 (띤 장)
- giá 가격 (쟈)
- tìm thấy (찾아) 보이다 (띰 터이)
- hành lý 짐 (하잉 리)
- khởi hành 출발하다 (커이 하잉)
- tình yêu 사랑 (띵 이에우)
- vì 왜냐하면~이기 때문이다 (뷔)
- thành công 성공하다 (타잉 꼼)
- cứ 계속해서 ~하다 (끄)
- đi dạo 산책하다 (디 쟈오)
- gói hành lý 짐을 싸다 (거이 하인 리)
- khai trương 개장하다 (카이 쯔엉)

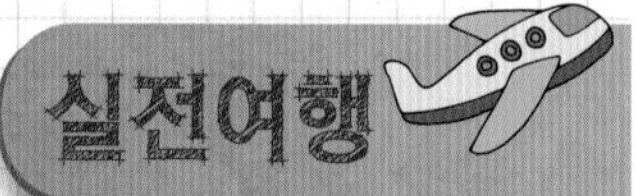

이정도 한마디는
랜드마크에서 꼭 해보아요.
패턴으로 완벽 암기하세요.

주어 chưa 동/형 아직~하지 않았어요

- Tôi chưa biết nhiều món ăn Việt Nam.
  또이 쯔어 비엔 니에우 먼 안 비엣 남
  저는 베트남 음식을 아직 많이 몰라요.

- Tôi chưa gói hành lý.
  또이 쯔어 거이 하잉 리
  저는 아직 짐을 싸지 않았어요.

- Xe khách chưa khởi hành.
  쌔 카익 쯔어 커이 하잉
  버스는 아직 출발하지 않았어요.

- Máy bay chưa cất cánh.
  마이 바이 쯔어 껃 까잉
  비행기는 아직 이륙하지 않았어요.

- Công viên này chưa khai trương.
  꼼 뷔엔 나이 쯔어 카이 쯔엉
  이 공원은 아직 개장하지 않았어요.

일지쓰기

랜드마크에서 대화한 내용을 떠올리며 빈칸을 채워보세요.

1

A: Sao người ta gọi là thác tình yêu?
싸오 응어이 따 거이 라 탁 띵 이에우

B: Vì người ta ________ rằng đến thác này thì tình
비 응어이 따 띤 장 덴 탁 나이 티 띵
yêu sẽ thành công.
이에우 쌔 타잉 꼼

A: 왜 사람들이 사랑의 폭포라고 부르나요?

B: 왜냐하면 사람들은 이 폭포에서 사랑이 이루어진다고 믿기 때문이에요.

2

A: Chúng ta có ________ mua vé tham quan khi
쭝 따 꺼 퐈이 무어 베 탐 꽌 키
vào không?
봐오 콤

B: Có. Chúng ta phải mua vé tham quan. [1]70.000
꺼 쭝 따 퐈이 무어 베 탐 꽌
đồng cho một người.
돔 쩌 못 응어이

A: 들어갈 때 관람권을 사야 하나요?

B: 네, 우리는 관람권을 사야만 해요. 한 사람당 70,000동이에요.

3

A: Vào cửa rồi mà mình ________ tìm thấy thác được.
봐오 끄어 죠이 마 밍 쯔어 띰 터이 탁 드억

B: ________ đi vào khoảng [2]30 phút thì có thể thấy
끄 디 봐오 쾅 풋 티 꺼 테 터이
được.
드억

A: 입구에 들어왔지만, 폭포를 아직 찾을 수 없네요.

B: 30분 정도 계속 들어가면 보일 거예요.

참고

1 70.000 (바이 므어이 응인)
2 30 (바 므어이)

정답

1 tin
2 phải
3 chưa, Cứ

16 판씨빵 산(Núi Phan Xi Păng)

오늘 배울 표현은 **~해야만 해요**

베트남뿐만 아니라 인도차이나에서도 가장 높은 산으로, 해발고도 3,143m에 달한다. 사파(SaPa)에서 남서쪽으로 약 9km 떨어져 있으며, 예전에는 이 산을 오르려면 사파를 거점으로 삼아 걸어 올라가야 했지만, 2016년부터 케이블카가 운행되고 있다.

이 일대 특유의 날씨 탓에 정상부는 거의 구름이나 안개에 가려져 있어 아래에서는 정상을 볼 수 없는 날이 더 많다.

▶ 케이블카 타는 곳
Sunworld Fansipan Legend resort Nguyễn Chi Thanh. Sapa Lào Cai, Việt Nam.
운영시간 : 7:30 ~ 17:30

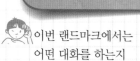

이번 랜드마크에서는 어떤 대화를 하는지 먼저 살펴볼까요?

원어민의 음성을 들어보세요.

Vietnam _16.mp3

1

A: Từ Sa Pa đến núi Phan Xi Păng có gần không?

B: Không xa lắm. Núi Phan Xi Păng cách Sa pa khoảng 9km về phía Tây Nam.

2

A: Chiều cao của núi Phan Xi Păng là bao nhiêu?

B: Núi Phan Xi Păng cao 3.145m. Đây là ngọn núi cao nhất ở Việt Nam.

3

A: Có cách nào đi đỉnh Phan Xi Păng không?

B: Bạn phải dùng cáp treo. Đây là hệ thống cáp treo ba dây dài nhất trên thế giới.

1

A: 싸파에서 판씨빵 산까지 가까운 가요?

B: 그렇게 멀지 않아요. 판씨빵 산은 싸파로부터 남서쪽으로 대략 9km 떨어져 있어요.

2

A: 판씨빵 산의 높이는 얼마나 되나요?

B: 판씨빵 산은 3,145m로 베트남에서 가장 높은 산이에요.

3

A: 판씨빵 산 정상에 가는 방법이 있나요?

B: 케이블 카를 이용해야 해요. 세계에서 가장 긴 3 선식 케이블 시스템이에요.

준비하기

오늘의 주요 단어입니다.
학습을 시작하기 전에
단어부터 살펴보아요.

- thị trấn 도시 (티 쩐)
- ngọn núi 산 (응온 누이)
- dùng 사용하다 (줌)
- hệ thống 시스템 (헤 톰)
- dài 긴 (자이)
- hộ chiếu 여권 (호 찌에우)
- ngã tư 사거리 (응아 뜨)
- chiều cao 높이 (찌에우 까오)
- đỉnh 정상 (딩)
- cáp treo 케이블 (깝 쩨오)
- dây 줄 (저이)
- thế giới 세계 (테 저이)
- qua 건너다 (꾸아)
- sớm 이른, 일찍 (썸)

실전여행

이정도 한마디는
랜드마크에서 꼭 해보아요.
패턴으로 완벽 암기하세요.

주어 phải 동/형 ~해야만 해요

- Anh phải gửi hộ chiếu.
  아잉 퐈이 그이 호 찌에우
  당신(남)은 여권을 맡겨야 해요.
- Chị phải qua [1]2 ngã tư nữa từ đây.
  찌 퐈이 꾸아 응아 뜨 느어 뜨 더이
  당신(여)은 여기서 두 개의 사거리를 건너야 해요.
- Chúng ta phải đi đường này.
  쭘 따 퐈이 디 드엉 나이
  우리는 이 길로 가야 해요.
- Bạn phải đến sớm.
  반 퐈이 덴 썸
  넌 일찍 도착해야 해.
- Tôi phải dùng wifi ở phòng.
  또이 퐈이 줌 wifi 어 퐁
  저는 방에서 와이파이를 사용해야 해요.

참고

[1] 2 (하이)

일지쓰기

랜드마크에서 대화한 내용을 떠올리며 빈칸을 채워보세요.

1

A: Từ Sa Pa đến núi Phan Xi Păng có ________ không?
뜨 싸 빠 덴 누이 퐌 씨 빵 꺼 건 콤

B: Không xa lắm. Núi Phan Xi Păng cách Sa Pa khoảng [1] 9 km về phía Tây Nam.
콤 싸 람 누이 퐌 씨 빵 까익 싸 빠 쾅 베 퓌어 떠이 남

A: 싸파에서 판씨빵 산까지 가까운 가요?

B: 그렇게 멀지 않아요. 판씨빵 산은 싸파로부터 남서쪽으로 대략 9km 떨어져 있어요.

2

A: Chiều cao của núi Phan Xi Păng là bao nhiêu?
찌에우 까오 꾸어 누이 퐌 씨 빵 라 바오 니에우

B: Núi Phan Xi Păng cao [2] 3.145 m . Đây là ngọn núi cao ________ ở Việt Nam.
누이 퐌 씨 빵 까오 더이 라 응언 누이 까오 녓 어 비엣 남

A: 판씨빵 산의 높이는 얼마나 되나요?

B: 판씨빵 산은 3,145m로 베트남에서 가장 높은 산예요.

3

A: Có cách nào đi đỉnh Phan Xi Păng không?
꺼 까익 나오 디 딩 퐌 씨 빵 콤

B: Bạn ________ dùng cáp treo. Đây là hệ thống cáp treo ba dây dài nhất trên thế giới.
반 파이 즁 깝 쩨오 더이 라 헤 통 깝 쩨오 바 저이 자이 녓 쩬 테 저이

A: 판씨빵 산 정상에 가는 방법이 있나요?

B: 케이블 카를 이용해야 해요. 세계에서 가장 긴 3 선식 케이블 시스템이에요.

참고

[1] 9 km (찐 끼로 멘)
[2] 3.145 m (바 응인 몯짬 본 므어이 람 멘)

정답

1 gần
2 nhất
3 phải

기억하기

디음 빈칸에 들어갈 내용을 떠올리며
앞서 다녀온 랜드마크를 다시 기억해보세요.

13

하롱베이(Vịnh Hạ Long)

주어 cần 동/형 ~할 필요가 있어요

- Tôi cần ______.
  저는 환전할 필요가 있어요.
- Anh cần ______ vé trước.
  당신(남)은 티켓을 미리 예약할 필요가 있어요.
- Tôi ______ giặt quần áo.
  저는 옷을 세탁할 필요가 있어요.
- Tôi cần bắt tắc xi.
  저는 택시를 잡을 필요가 있어요.
- Tôi cần gửi ______ ở khách sạn.
  저는 호텔에 짐을 맡길 필요가 있어요.

정답

» đổi tiền
» đặt
» cần
» hành lý

14

깟깟 마을(Bản Cát Cát)

주어 (đã) 동/형 rồi 이미~했어요

- Tôi đã đặt phòng rồi.
  저는 방을 이미 예약했어요.
- Anh ấy ______ về nước ______.
  그는 이미 귀국했어요.
- Chủ nhật thì đã hết vé rồi.
  일요일은 티켓이 이미 다 매진되었어요.
- Cửa hàng đó đã ______ rồi.
  그 가게는 이미 문을 닫았어요.
- Tôi đã đi ______ Sa Pa một lần rồi.
  저는 싸파에 한 번 여행 갔었어요.

정답

» đã
» rồi
» đóng cửa
» du lịch

15

사랑의 폭포(Thác tình yêu)

주어 chưa 동/형 아직~하지 않았어요

- Tôi ______ biết nhiều món ăn Việt Nam.
  저는 베트남 음식을 아직 많이 몰라요.
- Tôi chưa ______ hành lý.
  저는 아직 짐을 싸지 않았어요.
- Xe khách chưa khởi hành.
  버스는 아직 출발하지 않았어요.
- Máy bay chưa ______.
  비행기는 아직 이륙하지 않았어요.
- Công viên này chưa khai trương.
  이 공원은 아직 개장하지 않았어요.

정답

» chưa
» gói
» cất cánh

16

판씨빵 산(Núi Phan Xi Păng)

주어 phải 동/형 ~해야만 해요

- Anh ______ gửi hộ chiếu.
  당신(남)은 여권을 맡겨야 해요.
- Chị phải qua 2 ngã tư nữa từ đây.
  당신(여)은 여기서 두 개의 사거리를 건너야 해요.
- Chúng ta phải đi đường này.
  우리는 이 길로 가야 해요.
- Bạn phải đến ______.
  넌 일찍 도착해야 해.
- Tôi phải dùng wifi ở ______.
  저는 방에서 와이파이를 사용해야 해요.

정답

» phải
» sớm
» phòng

랜드마크 베트남 여행
후에

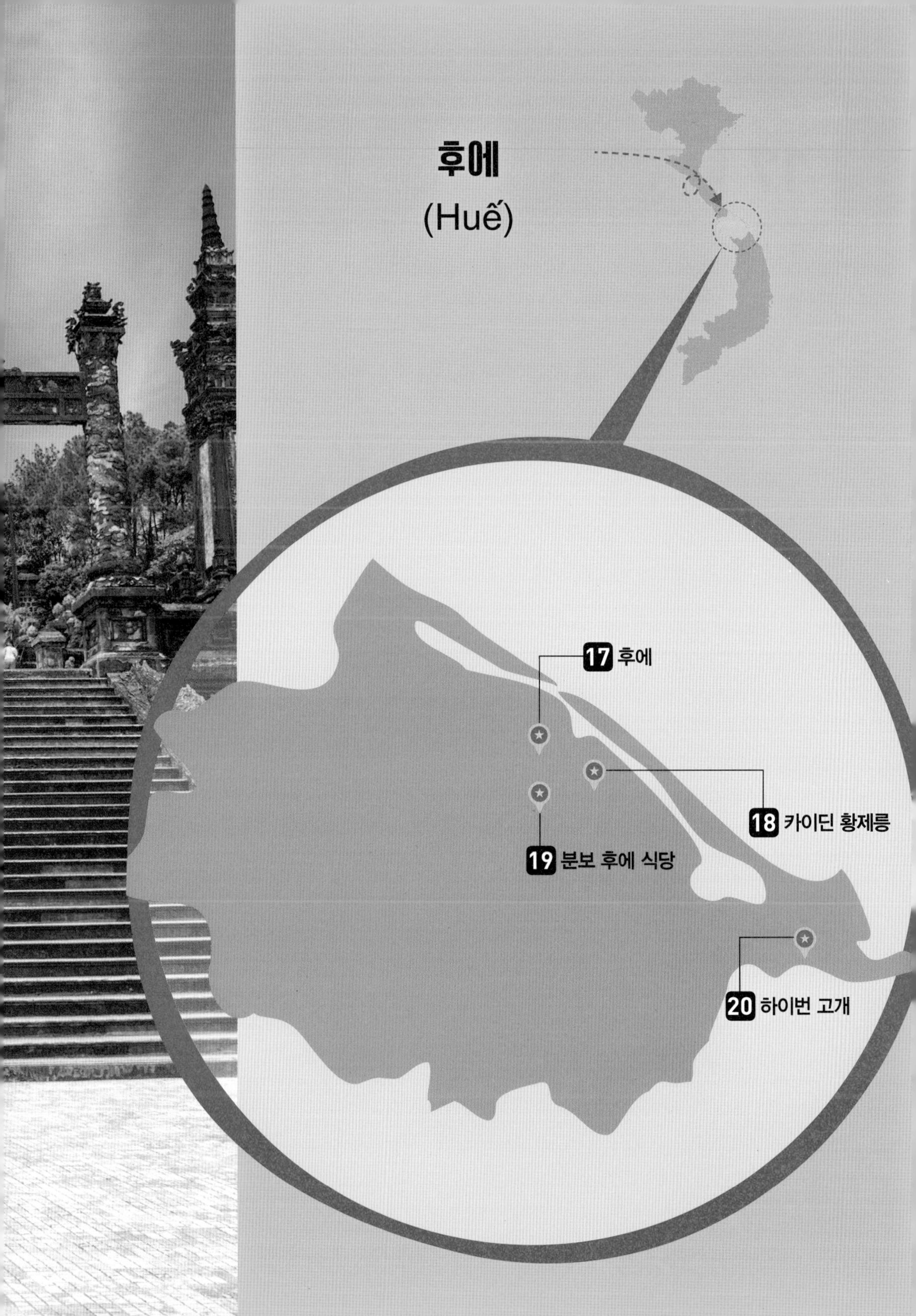
후에
(Huế)
17 후에
18 카이딘 황제릉
19 분보 후에 식당
20 하이번 고개

17

후에(Huế)

오늘 배울 표현은 **A이기 때문에 (그래서) B 해요**

후에(Huế)는 베트남 중부에 위치한 도시로 원래 17세기부터 19세기까지 베트남 남부 전역을 통치했던 봉건 왕조인 응우옌 왕조의 수도로 발달하기 시작하였다. 많은 역사적 기념물과 건축물들을 보유하고 있어 '베트남의 문화 수도'라고 부르기도 한다. 또한 이 곳의 후에 사원은 유네스코 세계문화유산으로 등록되어 있기도 하다.

한편 베트남 전쟁 당시에는 북베트남과 남베트남의 경계에 위치해 매우 중요한 요새 역할을 했으며 베트남 전쟁 최대의 유혈전투였던 후에 전투가 벌어졌던 곳이기도 하다.

이번 랜드마크에서는 어떤 대화를 하는지 먼저 살펴볼까요?

원어민의 음성을 들어보세요.

Vietnam_17.mp3

1

A: Thành phố Huế nổi tiếng về gì?

B: Vì Huế đã là thủ đô cuối cùng của triều đại Việt Nam nên có nhiều di tích và di sản.

2

A: Khách sạn tập trung nằm ở trên đường nào?

B: Trên đường Phạm Ngũ Lão, đường Chu Văn An và đường Nguyễn Công Trứ có nhiều khách sạn và nhà hàng.

3

A: Khi nào lễ hội Huế được tổ chức?

B: Lễ hội Huế được tổ chức vào tháng tư theo chu kỳ 2 năm.

1

A: 후에는 무엇으로 유명한가요?

B: 후에는 베트남 마지막 왕조의 수도기 때문에 많은 유적과 유산을 가지고 있어요.

2

A: 호텔은 어떤 길에 몰려 있나요?

B: 팜 응우 라오 길과 쭈 반안 길 그리고 응우옌 꼼 쯔 길에 많은 호텔과 식당이 있어요.

3

A: 언제 후에 축제가 개최되죠?

B: 후에 축제는 2년 주기로 4월에 열려요.

준비하기

오늘의 주요 단어입니다. 학습을 시작하기 전에 단어부터 살펴보아요.

- gọi 부르다 (거이)
- văn hóa 문화 (봔 호아)
- triều đại 왕조 (찌에우 다이)
- thủ đô 수도 (투 도)
- tạm thời 잠시 (땀 터이)
- nước suối 생수 (느억 쑤오이)
- thuê 빌리다 (투에)
- tập trung 집중하다, 몰리다 (떱 쭝)
- tổ chức 열다, 조직하다 (또 쯕)
- chu kỳ 주기 (쭈 끼)
- khát 목마른 (칻)
- ồn ào 시끄러운 (온 아오)
- vòng vòng 배회하다, 돌아다니다 (뵘 뵘)

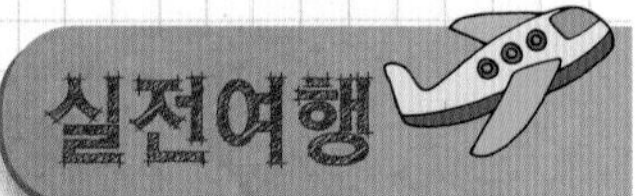

이정도 한마디는 랜드마크에서 꼭 해보아요. 패턴으로 완벽 암기하세요.

Vì A nên B A이기 때문에 (그래서) B 해요

- Vì trời mưa nên tôi định nghỉ tạm thời ở tiệm cà phê.
  뷔 쩌이 므어 넨 또이 딩 응이 땀 터이 어 띠엠 까 페
  비가 오기 때문에 저는 커피숍에서 잠시 쉬기로 했어요.

- Vì khát quá nên tôi mua nước suối.
  뷔 칻 꾸아 넨 또이 무어 느억 쑤오이
  목이 말라서 생수를 사려고요.

- Vì hết vé máy bay nên tôi đi bằng xe lửa.
  뷔 헫 붸 마이 바이 넨 또이 디 방 쎄 르어
  비행기 티켓이 매진돼서 기차로 가려고요.

- Vì phòng ồn ào quá nên không ngủ được.
  뷔 퐁 온 아오 꾸아 넨 콤 응우 드억
  방이 너무 시끄러워서 잘 수가 없어요.

- Vì giá tắc xi đắt quá nên tôi thuê xe máy.
  뷔 쟈 딱 씨 닫 꾸아 넨 또이 투에 쎄 마이
  택시 가격이 너무 비싸서 오토바이를 빌렸어요.

일지쓰기

랜드마크에서 대화한 내용을 떠올리며 빈칸을 채워보세요.

1

A: Thành phố Huế __________ về gì?
타잉 포 후에 노이 띠엥 베 지

B: __________ Huế đã là thủ đô cuối cùng của triều
비 후에 다 라 투 도 꾸오이 꿈 꾸어 찌에우

đại Việt Nam nên có nhiều di tích và di sản.
다이 비엣 남 넨 꺼 니에우 지 띡 봐 지 산

A: 후에는 무엇으로 유명한가요?

B: 후에는 베트남 마지막 왕조의 수도기 때문에 많은 유적과 유산을 가지고 있어요.

2

A: __________ tập trung nằm ở trên đường nào?
카익 산 떱 쭝 남 어 쩬 드엉 나오

B: Trên đường Phạm Ngũ Lão, đường Chu Văn An
쩬 드엉 팜 응우 라오 드엉 쭈 봔 안

và đường Nguyễn Công Trứ có nhiều khách sạn
봐 드엉 응우옌 꼼 쯔 꺼 니에우 카익 산

và nhà hàng.
봐 냐 항

A: 호텔은 어떤 길에 몰려 있나요?

B: 팜 응우 라오 길과 쭈 반안 길 그리고 응우옌 꼼 쯔 길에 많은 호텔과 식당이 있어요.

3

A: Khi nào lễ hội Huế được __________?
키 나오 레 호이 후에 드억 또 쪽

B: Lễ hội Huế được __________ vào tháng tư theo
레 호이 후에 드억 또 쪽 봐오 탕 뜨 태오

chu kỳ [1]2 năm.
쭈 끼 남

A: 언제 후에 축제가 개최되죠?

B: 후에 축제는 2년 주기로 4월에 열려요.

★ 참고

[1] 2 (하이)

정답

[1] nổi tiếng, Vì
[2] Khách sạn
[3] tổ chức

18 카이딘 황제릉(Lăng Khải Định)

오늘 배울 표현은 **~하세요**

카이딘 황제는 베트남 마지막 왕조인 응우옌 왕조의 후기인 1916년에서 1925년까지 통치하였으며 이 능은 1920년에 짓기 시작해 1931년에 완성되었다. 프랑스 식민 통치의 영향으로 중국식을 본뜬 다른 황제릉과는 달리, 동서양이 융합된 모습이 인상적이다. 석조와 콘크리트로 된 고딕 양식의 건물과 첨탑들은 마치 유럽의 성당과 흡사해 보이기까지 한다.

능의 안뜰에는 양쪽으로 문, 무관의 석상과 코끼리, 말의 석상이 있다. 본 건물인 계성전에는 청동에 금박을 입힌 카이딘 황제의 등신상이 있으며, 황제의 유골이 이 동상 아래 지하 18m 깊이에 위치해 있다.

▶ 주소 : Khải Định, Thủy Bằng, Hương Thủy, Thừa Thiên Huế, Việt Nam

미리보기

이번 랜드마크에서는 어떤 대화를 하는지 먼저 살펴볼까요?

원어민의 음성을 들어보세요.

Vietnam_18.mp3

1

A: Bạn có thể giới thiệu lăng mộ này được không?

B: Đây là lăng mộ của vua Khải Định, vị vua thứ 12 của triều Nguyễn. Mời theo tôi!

2

A: Lăng Khải định được xây dựng khi nào?

B: Nơi đây được xây dựng từ năm 1920 đến năm 1933.

3

A: Phong cách kiến trúc của lăng mộ này thế nào?

B: Độc đáo lắm! Nó được kết hợp giữa phong cách châu Á và châu Âu, giữa cổ đại và hiện đại.

1

A: 이 왕릉에 대해서 소개해 줄 수 있을까요?

B: 여기는 응우옌 왕조의 12번째 왕이었던 카이딘 왕의 묘예요. 저를 따라오세요!

2

A: 카이딘 왕릉은 언제 지어졌나요?

B: 이곳은 1920년부터 1933년까지 지어졌어요.

3

A: 이 왕릉의 건축 양식은 어때요?

B: 아시아와 유럽, 고대와 현대의 건축 양식이 결합된 양식이에요. 굉장히 독특해요.

오늘의 주요 단어입니다.
학습을 시작하기 전에
단어부터 살펴보아요.

- vị vua 왕
  뷔 부어
- đặc điểm 특징
  닥 디엠
- kiến trúc 건축
  끼엔 쭙
- kết hợp 결합하다
  껜 헙
- cổ đại 고대
  꼬 다이
- hiện đại 현대적인
  히엔 다이
- châu Á 아시아
  쩌우 아
- lăng mộ 왕릉
  랑 모
- mời ~하세요, 초대하다
  머이
- độc đáo 독자적인
  돕 다오
- phong cách 양식
  펌 까익
- dù A nhưng B
  쥬 A 늬응 B
  비록 A일지라도 그러나 B 하다
- giữa A và B A와 B사이
  즈어 A 봐 B
- châu Âu 유럽
  쩌우 어우

이정도 한마디는
랜드마크에서 꼭 해보아요.
패턴으로 완벽 암기하세요.

Mời (대상) 동사 ~하세요

- Mời anh chị vào.
  머이 아잉 찌 봐오
  여러분 들어오세요.

- Mời anh chị ngồi.
  머이 아잉 찌 응오이
  여러분 앉으세요.

- Mời anh chị dùng.
  머이 아잉 찌 즁
  여러분 드세요.

- Xin mời dùng rượu.
  씬 머이 즁 즈어우
  술을 드시죠.

- Mời đi đường này.
  머이 디 드엉 나이
  이 길로 오세요.

일지쓰기

랜드마크에서 대화한 내용을 떠올리며 빈칸을 채워보세요.

1

A: Bạn có thể __________ lăng mộ này được không?
반 꺼 테 저이 티에우 랑 모 나이 드억 콤

B: Đây là lăng mộ của vua Khải Định, vị vua thứ [1] 12
더이 라 랑 모 꾸어 부어 카이 딩 비 부어 트

của triều Nguyễn. __________ theo tôi!
꾸어 찌에우 응우옌 머이 테오 또이

A: 이 왕릉에 대해서 소개해 줄 수 있을까요?

B: 여기는 응우옌 왕조의 12번째 왕이었던 카이딘 왕의 묘예요. 저를 따라오세요!

2

A: Lăng Khải định được xây dựng __________?
랑 카이 딩 드억 써이 증 키 나오

B: Nơi đây được xây dựng từ năm [2] 1920 đến năm [3] 1933.
너이 더이 드억 써이 증 뜨 남 덴 남

A: 카이딘 왕릉은 언제 지어졌나요?

B: 이곳은 1920년부터 1933년까지 지어졌어요.

3

A: Phong cách kiến trúc của lăng mộ này thế nào?
퐁 까익 끼엔 쭉 꾸어 랑 모 나이 테 나오

B: Độc đáo lắm! Nó được kết hợp __________ phong
돕 다오 람 너 드억 껫 헙 즈어 퐁

cách châu Á __________ châu Âu, giữa cổ đại và
까익 쩌우 아 봐 쩌우 어우 즈어 꼬 다이 봐

hiện đại.
히엔 다이

A: 이 왕릉의 건축 양식은 어때요?

B: 아시아와 유럽, 고대와 현대의 건축 양식이 결합된 양식이에요. 굉장히 독특해요.

참고

[1] 12 (므어이 하이)
[2] 1920 (몯 응인 찐 짬 하이 므어이)
[3] 1933 (몯 응인 바 므어이 바)

정답

1 giới thiệu, Mời
2 khi nào
3 giữa, và

19 분보 후에 식당(Nhà hàng Bún bò Huế)

오늘 배울 표현은 **A는 ~해본 적 있어요?**

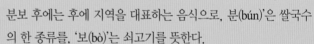

분보 후에는 후에 지역을 대표하는 음식으로, 분(bún)'은 쌀국수의 한 종류를, '보(bò)'는 쇠고기를 뜻한다.

쇠고기 고명과 생채소를 얹어 먹는 요리로 레몬그라스를 넣어 만든 고기 육수에 칠리소스를 곁들여 먹기 때문에 쇠고기 육수의 감칠맛과 함께 매운맛, 신맛, 단맛이 조화를 이루고 있다.

후에 지역에는 많은 분보 후에 전문점이 있으며, 랜드마크에 소개된 리 트엉 끼엣(Lý Thường Kiệt) 길에 있는 이 분보 후에 음식점은 현지인들이 즐겨 찾는 로컬 식당으로, 가격도 20,000동 ~ 35,000동으로 매우 저렴하다.

▶ 주소 : 17 Lý Thường Kiệt, Phú Nhuận, Huế

▶ 운영시간 : 06:00 ~ 22:00

미리보기

이번 랜드마크에서는 어떤 대화를 하는지 먼저 살펴볼까요?

원어민의 음성을 들어보세요.

Vietnam_19.mp3

1

A: Bạn có thể giới thiệu món nào nổi tiếng ở Huế không?

B: Đến Huế thì bạn nên ăn bún bò đi.

2

A: Có nhà hàng nào đáng giới thiệu không?

B: Bạn nên đi quán 'Bún bò Huế', trên đường 17 Lý Thường Kiệt. Bún bò ở đây vừa ngon vừa rẻ.

3

A: Bạn đã đến nhà hàng đó bao giờ chưa?

B: Rồi, mình đã đến đó mấy lần rồi.

1

A: 후에에 있는 유명한 음식을 소개해줄 수 있어?

B: 후에에 가면 분보를 먹어야지.

2

A: 소개해줄 만한 식당이 있어?

B: 리 트엉 끼엣 17번지 길에 있는 'Bún bò Huế' 식당에 가봐. 여기 분보는 저렴하고 맛있어.

3

A: 너는 그 식당에 가봤어?

B: 응. 나는 그곳에 몇 번 가봤어.

준비하기

오늘의 주요 단어입니다.
학습을 시작하기 전에
단어부터 살펴보아요.

- giới thiệu 소개하다
  져이 티에우
- nên ~하는 편이 좋겠다
  넨
- bún bò 분보(굵은 면의 국수)
  분 버
- đáng ~할 만한
  당
- vừa A vừa B
  브어 A 브어 B
  A 하기도 하고 B 하기도 하다
- miền Trung 중부 지역
  미엔 쭝
- ăn Tết 명절을 보내다
  안 뗏
- nhà hàng (규모가 있는) 식당
  냐 항
- quán (ăn) (규모가 작은) 식당
  꽌 (안)
- mấy lần 몇 번
  머이 런
- lễ hội 축제
  레 호이
- con sóc 다람쥐
  껀 썹
- xe ôm 쎄옴(오토바이 택시)
  쎄 옴
- Tết 명절, 설날
  뗏

이정도 한마디는
랜드마크에서 꼭 해보아요.
패턴으로 완벽 암기하세요.

A đã 동사 bao giờ chưa?
A는 ~해본 적 있어요?

- Anh đã ăn món ăn miền Trung bao giờ chưa?
  아잉 다 안 먼 안 미엔 쭝 바오 저 쯔어
  중부 지역 음식 먹어본 적 있어요?
- Chị đã uống cà phê con sóc bao giờ chưa?
  찌 다 우옹 까 페 껀 썹 바오 저 쯔어
  다람쥐 커피 먹어본 적 있어요?
- Bạn đã đi xe ôm bao giò chưa?
  반 다 디 쎄 옴 바오 저 쯔어
  쎄옴(오토바이 택시)으로 가본 적 있어?
- Anh đã xem lễ hội Huế bao giờ chưa?
  아잉 다 쌤 레 호이 후에 바오 저 쯔어
  후에 축제를 본 적 있어요?
- Chị đã ăn Tết ở Việt Nam bao giờ chưa?
  찌 다 안 뗏 어 비엣 남 바오 저 쯔어
  베트남에서 명절을 보내 본 적 있어요?

일지쓰기

랜드마크에서 대화한 내용을 떠올리며 빈칸을 채워보세요.

1

A: Bạn có thể ________ món nào nổi tiếng ở Huế không?
반 꺼 테 저이 티에우 먼 나오 노이 띠엥 어 후에 콤

B: Đến Huế thì bạn nên ăn bún bò đi.
덴 후에 티 반 넨 안 분 버 디

A: 후에에 있는 유명한 음식을 소개해줄 수 있어?

B: 후에에 가면 분보를 먹어야지.

2

A: Có nhà hàng nào ________ giới thiệu không?
꺼 냐 항 나오 당 저이 티에우 콤

B: Bạn nên đi quán 'Bún bò Huế', trên đường [1]17 Lý Thường Kiệt. Bún bò ở đây vừa ngon vừa rẻ.
반 넨 디 꽌 분 보 후에 쩬 드엉 리 트엉 끼엔 분 버 어 더이 브어 응언 브어 재

A: 소개해줄 만한 식당이 있어?

B: 리 트엉 끼엔 17번지 길에 있는 'Bún bò Huế' 식당에 가봐. 여기 분보는 저렴하고 맛있어.

3

A: Bạn đã đến nhà hàng đó ________?
반 다 덴 냐 항 더 바오 저 쯔어

B: Rồi, mình đã đến đó mấy lần rồi.
조이 밍 다 덴 더 머이 런 조이

A: 너는 그 식당에 가봤어?

B: 응. 나는 그곳에 몇 번 가봤어.

참고

[1] 17 (므어이 바이)

정답

1 giới thiệu
2 đáng
3 bao giờ chưa

20 하이번 고개 (Đèo Hải Vân)

오늘 배울 표현은 **A하나요 아니면 B?**

베트남 중부를 가로지르는 고개이자, 후에와 다낭의 경계선이기도 한 하이번 고개는 내셔널 지오그래픽 트래블러가 선정한 꼭 가봐야 할 50곳 중 한 곳이자 세계 10대 비경 중 하나이다.

하이번의 하이(Hải)는 바다, 번(Vân)은 구름을 뜻하는 말로 바다와 구름이 만나 운해를 이룬다는 자연이 만든 장관의 고개이다. 하이번 고개의 정상 위에서는 아름다운 다낭의 전경과 함께 짙푸른 바다를 한눈에 내려다볼 수 있다.

다낭에서 후에로 이동 시, 버스로 하이번 터널을 지나 빠르게 갈 수도 있지만, 랑꼬 해변과 하이번 고개의 절경을 놓칠 수 있으니, 차나 기차로 하이번 고개를 지나 볼 것을 추천한다.

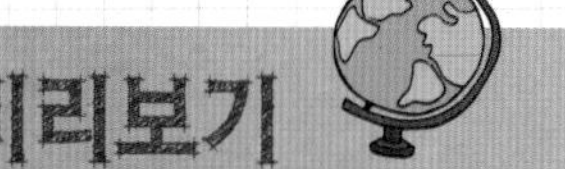

이번 랜드마크에서는 어떤 대화를 하는지 먼저 살펴볼까요?

원어민의 음성을 들어보세요.

Vietnam_20.mp3

1

A: Tên Hải Vân có ý nghĩa thế nào?

B: Hải Vân là từ Hán. Hải có nghĩa 'biển', còn Vân có nghĩa 'mây'

2

A: Để ngắm cảnh, tôi nên đi bằng xe lửa hay xe buýt?

B: Anh nên đi xe lửa. Đi xe lửa có thể ngắm cảnh biển nhiều hơn.

3

A: Phong cảnh ở đèo Hải Vân như thế nào?

B: Phong cảnh biển và trời tuyệt vời lắm. Qua đèo Hải Vân thì có biển Lăng Cô.

1

A: 하이번의 의미가 어떻게 돼요?

B: 하이번은 한자 단어예요. 하이는 해변의 의미를, 번은 구름의 의미를 가지고 있어요.

2

A: 풍경을 보려면, 기차로 가는 게 좋을까요 아니면 버스로 가는 게 좋을까요?

B: 기차로 가는 게 좋을 것 같아요. 기차로 가면 해변 풍경을 더 많이 볼 수 있어요.

3

A: 하이번 고개의 풍경은 어때요?

B: 해변과 하늘의 풍경이 환상적이에요. 하이번 고개를 넘으면 랑꼬 해변이 있어요.

오늘의 주요 단어입니다. 학습을 시작하기 전에 단어부터 살펴보아요.

- ý nghĩa 의미
  이 응이어
- còn 그런데
  껀
- xe lửa 기차
  쌔 르어
- thì ~하면
  티
- nước ngọt 음료수
  느억 응옷
- ngoài 밖
  응오아이
- cơm rang 볶음밥
  껌 장
- Hán 중국(=Trung Quốc)
  한
- mây 구름
  머이
- nhiều 많은
  니에우
- khách sạn 호텔
  카익 산
- trời 하늘
  쩌이
- đi dạo 산책하다
  디 자오
- ở lại 머무르다
  어 라이

이정도 한마디는 랜드마크에서 꼭 해보아요. 패턴으로 완벽 암기하세요.

A hay B? A하나요 아니면 B?

- Chúng ta đi biển hay núi?
  쭝 따 디 비엔 하이 누이
  우리 해변을 갈까요 아니면 산에 갈까요?
- Bạn sẽ uống cà phê hay nước ngọt?
  반 쌔 우옹 까 페 하이 느억 응옷
  너는 커피를 마실래 아니면 음료수를 마실래?
- Chị sẽ nghỉ ở khách sạn hay đi dạo ở ngoài?
  찌 쌔 응이 어 카익 산 하이 디 자오 어 응오아이
  당신(여성)은 호텔에서 쉴 거예요 아니면 밖에서 산책할 거예요?
- Anh sẽ ăn phở hay cơm rang?
  아잉 쌔 안 퍼 하이 껌 장
  당신(남성)은 쌀국수를 먹을 거예요 아니면 볶음밥을 먹을 거예요?
- Bạn sẽ ở lại hay về nước?
  반 쌔 어 라이 하이 베 느억
  너는 (여기에) 머무를 거니 아니면 귀국할 거니?

일지쓰기

랜드마크에서 대화한 내용을
떠올리며 빈칸을 채워보세요.

1

A: Tên Hải Vân có ý nghĩa _________?
넨 롸이 빈 꺼 이 응이어 테 나오

B: Hải Vân là từ Hán. Hải có nghĩa 'biển', còn Vân có nghĩa 'mây'.
하이 빈 라 뜨 한 하이 꺼 응이어 비엔 껀 빈 꺼 응이어 머이

A: 하이번의 의미가 어떻게 돼요?

B: 하이번은 한자 단어예요. 하이는 해변의 의미를, 번은 구름의 의미를 가지고 있어요.

2

A: Để ngắm cảnh, tôi nên đi bằng xe lửa _________ xe buýt?
데 응암 까잉 또이 넨 디 방 쌔 르어 하이 쌔 부잇

B: Anh nên đi xe lửa. Đi xe lửa có thể ngắm cảnh biển nhiều hơn.
아잉 넨 디 쌔 르어 디 쌔 르어 꺼 테 응암 까잉 비엔 니에우 헌

A: 풍경을 보려면, 기차로 가는 게 좋을까요 아니면 버스로 가는 게 좋을까요?

B: 기차로 가는 게 좋을 것 같아요. 기차로 가면 해변 풍경을 더 많이 볼 수 있어요.

3

A: _________ ở đèo Hải Vân như thế nào?
폼 까잉 어 대오 하이 빈 느으 테 나오

B: Phong cảnh biển và trời tuyệt vời lắm. Qua đèo Hải Vân thì có biển Lăng Cô.
퐁 까잉 비엔 봐 쩌이 뚜옛 붜이 람 꾸아 대오 하이 빈 티 꺼 비엔 랑 꼬

A: 하이번 고개의 풍경은 어때요?

B: 해변과 하늘의 풍경이 환상적이에요. 하이번 고개를 넘으면 랑꼬 해변이 있어요.

정답

1 thế nào
2 hay
3 Phong cảnh

기억하기

다음 빈칸에 들어갈 내용을 떠올리며
앞서 다녀온 랜드마크를 다시 기억해보세요.

17

후에(Huế)

Vì A nên B A이기 때문에 (그래서) B 해요

- ______ trời mưa ______ tôi định nghỉ tạm thời ở tiệm cà phê. 비가 오기 때문에 저는 커피숍에서 잠시 쉬기로 했어요.
- Vì khát quá nên tôi mua ______.
  목이 말라서 생수를 사려고요.
- Vì hết vé máy bay nên tôi đi bằng xe lửa.
  비행기 티켓이 매진돼서 기차로 가려고요.
- Vì phòng ______ quá nên không ngủ được.
  방이 너무 시끄러워서 잘 수가 없어요.
- Vì giá tắc xi đắt quá nên tôi thuê xe máy.
  택시 가격이 너무 비싸서 오토바이를 빌렸어요.

정답

» Vì
» nên
» nước suối
» ồn ào

18

카이딘 황제릉(Lăng Khải Định)

Mời (대상) 동사 ~하세요

- Mời anh chị ______.
  여러분 들어오세요.
- ______ anh chị ngồi.
  여러분 앉으세요.
- Mời anh chị dùng.
  여러분 드세요.
- Xin mời dùng rượu.
  술을 드시죠.
- Mời đi ______ này.
  이 길로 오세요.

정답

» vào
» Mời
» đường

19

분보 후에 식당(nhà hàng Bún bò Huế)

A đã 동사 bao giờ chưa? A는 ~해본 적 있어요?

- Anh đã ăn món ăn ______ bao giờ chưa?
  중부 지역 음식 먹어본 적 있어요?
- Chị đã uống cà phê con sóc bao giờ chưa?
  다람쥐 커피 먹어본 적 있어요?
- Bạn đã đi ______ bao giò chưa?
  쎄옴(오토바이 택시)으로 가본 적 있어?
- Anh đã xem lễ hội Huế bao giờ chưa?
  후에 축제를 본 적 있어요?
- Chị ______ ăn Tết ở Việt Nam ______?
  베트남에서 명절을 보내 본 적 있어요?

정답

» miền Trung
» xe ôm
» đã
» bao giờ chưa

20

하이번 고개(Đèo Hải Vân)

A hay B? A하나요 아니면 B?

- Chúng ta đi biển ______ núi?
  우리 해변을 갈까요 아니면 산에 갈까요?
- Bạn sẽ uống cà phê hay ______?
  너는 커피를 마실래 아니면 음료수를 마실래?
- Chị sẽ nghỉ ở khách sạn hay ______ ở ngoài?
  당신(여성)은 호텔에서 쉴 거예요 아니면 밖에서 산책할 거예요?
- Anh sẽ ăn ______ hay cơm rang?
  당신(남성)은 쌀국수를 먹을 거예요 아니면 볶음밥을 먹을 거예요?
- Bạn sẽ ở lại hay về nước?
  너는 (여기에) 머무를 거니 아니면 귀국할 거니?

정답

» hay
» nước ngọt
» đi dạo
» phở

랜드마크 베트남 여행
다낭

다낭
(Đà Nẵng)
21 참 박물관
22 아시아 파크
23 미케 해변
24 바나 힐

21 참 박물관(Bảo tàng điêu khắc Chăm)

오늘 배울 표현은 **주어는 몇 개의 ~을 가지고 있나요?**

세계에서 유일한 참파 왕조 전문 박물관으로 프랑스 식민지 시절인 1915년 7월 고대 참파 왕국의 조각 예술품과 유물의 보존을 목표로 프랑스 극동 연구소의 재정지원을 받아 설립됐다. 세계에서 가장 큰 참 조각상이 이 곳에 있으며, 그 밖에 다양한 참 조각상이 10개의 전시실에 약 300여 개 전시되어 있다.

박물관은 한강(sông Hàn) 옆에 있으며, 박물관 관람뿐만 아니라 건물 밖에 있는 정원도 산책하며 거닐기 좋다.

▶ 주소 : 22 Tháng 9, Hải Châu, Đà Nẵng, Việt Nam

▶ 운영 시간 : 평일 – 09:00 ~ 17:00 / 주말 – 11:00 ~ 15:00

이번 랜드마크에서는 어떤 대화를 하는지 먼저 살펴볼까요?

원어민의 음성을 들어보세요.

Vietnam_21.mp3

1

A: Quy mô của bảo tàng như thế nào?

B: Bảo tàng này có quy mô lớn nhất trên thế giới về di tích Chăm Pa.

2

A: Trong bảo tàng có bao nhiêu hàng trưng bày?

B: Bảo tàng này giữ khoảng 2.000 di vật.

3

A: Vé vào cửa bao nhiêu tiền?

B: 40.000 đồng cho một người.

1

A: 박물관의 규모는 어때요?

B: 이 박물관은 참파 유적에 대해서는 세계 최대 규모예요.

2

A: 박물관에는 몇 개의 전시물이 있나요?

B: 이 박물관은 대략 2,000개의 유물이 있어요.

3

A: 입장료는 얼마예요?

B: 한 사람당 40,000동입니다.

오늘의 주요 단어입니다. 학습을 시작하기 전에 단어부터 살펴보아요.

- bảo tàng 박물관 (바오 땅)
- di tích 유적 (지 띡)
- trưng bày 전시하다 (쯩 바이)
- cho ~을 위해 (쩌)
- ngày 일 (응아이)
- quyển 권 (꾸엔)
- hướng dẫn 안내하다 (흐엉 전)
- điêu khắc 조각하다 (디에우 칵)
- như ~처럼 (니으)
- hàng (hoá) 물건 (항 화)
- giữ 보관하다 (즈)
- di vật 유물 (지 벋)
- nhóm 단체 (넘)
- chuyến 편, 노선 (쭈옌)

이정도 한마디는 랜드마크에서 꼭 해보아요. 패턴으로 완벽 암기하세요.

주어 có mấy / bao nhiêu 명사?
주어는 몇 개의 ~을 가지고 있나요?

- **Nhóm có bao nhiêu người?**
  넘 꺼 바오 니에우 응어이
  그룹엔 몇 명의 인원이 있나요?

- **Một ngày có mấy chuyến đi Đà Nẵng?**
  몯 응아이 꺼 머이 쭈옌 디 다 낭
  하루에 다낭으로 가는 편이 몇 개 있나요?

- **Xe này có mấy chỗ?**
  쌔 나이 꺼 머이 쪼
  이 차는 몇 인승인가요?

- **Chị có mấy túi hành lý?**
  찌 꺼 머이 뚜이 하잉 리
  당신은 몇 개의 짐을 가지고 있나요?

- **Anh có mấy quyển sách hướng dẫn?**
  아잉 꺼 머이 꾸옌 싸익 흐엉 전
  당신은 몇 권의 안내 책을 가지고 있나요?

일지쓰기

랜드마크에서 대화한 내용을 떠올리며 빈칸을 채워보세요.

1

A: ________ của bảo tàng như thế nào?
꾸이 모 꾸이 바오 땅 늬으 테 나오

B: Bảo tàng này có quy mô lớn nhất trên thế giới về di tích Chăm Pa.
바오 땅 나이 꺼 꾸이 모 런 녇 쩬 테 저이 붸 지 띡 참 빠

A: 박물관의 규모는 어때요?

B: 이 박물관은 참파 유적에 대해서는 세계 최대 규모예요.

2

A: Trong bảo tàng ________ hàng trưng bày?
쫌 바오 땅 꺼 바오 니에우 항 쯩 바이

B: Bảo tàng này giữ khoảng [1]2.000 di vật.
바오 땅 나이 즈 쾅 지 벋

A: 박물관에는 몇 개의 전시물이 있나요?

B: 이 박물관은 대략 2,000개의 유물이 있어요.

3

A: ________ vào cửa bao nhiêu tiền?
붸 봐오 끄어 바오 니에우 띠엔

B: [2]40.000 đồng cho một người.
돔 쩌 몯 응어이

A: 입장료는 얼마예요?

B: 한 사람당 40,000동입니다.

참고

[1] 2.000 (하이 응인)
[2] 40.000 (본 므어이 응인)

정답

[1] Quy mô
[2] có bao nhiêu
[3] Vé

22 아시아 파크(Công viên châu Á)

오늘 배울 표현은 **어디에서 ~하나요?**

다낭에 있는 큰 규모의 놀이공원으로 입장료(1인당 30만 동 – 2017년 기준)만 내면 모든 놀이기구를 탈 수 있다.

놀이공원 전체가 한국, 중국, 일본, 인도, 캄보디아, 인도네시아, 태국, 네팔, 베트남 등 아시아의 다양한 국가별 컨셉으로 이루어져 있으며, 각 나라 별 공간에는 그 나라의 건축양식과 함께 역사적 유적과 수공예품 등이 함께 전시되어 있어 아시아의 정취를 흠뻑 느껴볼 수 있다.

특히 강 위를 달리는 모노레일을 타면, 아시아 파크 전체를 돌아볼 수 있으며 밤에는 멋진 야경도 감상할 수 있다.

- ▶ 주소 : 1 Phan Đăng Lưu, Hoà Cường Bắc, Hải Châu, Đà Nẵng, Việt Nam
- ▶ 홈페이지 : https://danangwonders.sunworld.vn/

미리보기

이번 랜드마크에서는 어떤 대화를 하는지 먼저 살펴볼까요?

원어민의 음성을 들어보세요.

Vietnam_22.mp3

1

A: Công viên châu Á nằm ở đâu?

B: Nó nằm trên đường 2 tháng 9, cách trung tâm Đà Nẵng hướng phía Nam.

2

A: Diện tích của công viên châu Á rộng bao nhiêu?

B: Công viên này rộng khoảng 88 hec-ta.

3

A: Ở công viên châu Á có gì đặc biệt không?

B: "Sun Wheel" nổi tiếng nhất. Nó thuộc top 10 vòng quay cao nhất thế giới về chiều cao.

1

A: 아시아 파크는 어디에 위치해있나요?

B: 곳은 하이 탕 찐길에 위치해있고요. 다낭 중심가로부터 남쪽으로 떨어져 있어요.

2

A: 아시아 파크의 면적은 얼마나 되나요?

B: 이 파크는 88헥타르 정도에요.

3

A: 아시아 파크에는 특별한 게 있나요?

B: 선 휠이 가장 유명해요. 높이로는 세계 10대 놀이기구 안에 들어요.

준비하기

오늘의 주요 단어입니다.
학습을 시작하기 전에
단어부터 살펴보아요.

- phía Nam 남쪽
  퓌어 남
- thứ ~번째
  트
- rộng 넓은, 넓이
  좀
- tàu 배
  따우
- chiều cao 높이
  찌에우 까오
- đổi tiền 환전하다
  도이 띠엔
- cách ~로부터 떨어진
  까익
- nó 그것
  너
- hướng 방향
  흐엉
- diện tích 면적
  지엔 띡
- trò chơi 놀이기구
  쩌 쩌이
- thuộc ~에 속하다
  투옵
- lên 오르다, 타다
  렌

실전여행

이정도 한마디는
랜드마크에서 꼭 해보아요.
패턴으로 완벽 암기하세요.

(주어) 동사 ở đâu? 어디에서 ~하나요?

- Bắt tắc xi ở đâu?
  반 딱 씨 어 더우
  택시를 어디에서 잡나요?

- Chúng ta mua vé ở đâu?
  쭘 따 무어 붸 어 더우
  티켓을 어디에서 사나요?

- Lên tàu ở đâu?
  렌 따우 어 더우
  배를 어디에서 타나요?

- Anh sẽ ngắm cảnh đêm ở đâu?
  아잉 쌔 응암 까잉 뎀 어 더우
  야경을 어디에서 구경할 건가요?

- Đổi tiền ở đâu?
  도이 띠엔 어 더우
  어디에서 환전 하나요?

일지쓰기

랜드마크에서 대화한 내용을 떠올리며 빈칸을 채워보세요.

1

A: Công viên châu Á nằm _________?
꼼 뷔엔 찌우 아 남 이 더우

B: Nó _________ trên đường [1]2 tháng 9, cách trung
너 남 쩬 드엉 텅 찐 까익 쭘
tâm Đà Nẵng hướng phía Nam.
떰 다 낭 흐엉 퓌어 남

A: 아시아 파크는 어디에 위치해있나요?

B: 그곳은 하이 탕 찐길에 위치해있고요. 다낭 중심가로부터 남쪽으로 떨어져 있어요.

2

A: Diện tích của công viên châu Á rộng _________?
지엔 띡 꾸어 꼼 뷔에 찌우 아 좀 바오 니에우

B: Công viên này _________ khoảng [2]88 hec-ta.
꼼 뷔엔 나이 좀 쾅 핵 따

A: 아시아 파크의 면적은 얼마나 되나요?

B: 이 파크는 88헥타르 정도예요.

3

A: Ở công viên châu Á có gì _________ không?
어 꼼 뷔엔 찌우 아 꺼 지 닥 비엔 콤

B: "Sun Wheel" nổi tiếng nhất. Nó thuộc top [3]10
썬 휠 노이 띠엥 녇 너 투옵 땁
vòng quay cao nhất thế giới về chiều cao.
뷤 꽈이 까오 녇 테 저이 붸 찌에우 까오

A: 아시아 파크에는 특별한 게 있나요?

B: 선 휠이 가장 유명해요. 높이로는 세계 10대 놀이기구 안에 들어요.

참고

[1] 2 (하이)
[2] 88 (땀 므어이 땀)
[3] 10 (므어이)

정답

[1] ở đâu, nằm
[2] bao nhiêu, rộng
[3] đặc biệt

23 미케 해변(Bãi biển Mỹ Khê)

오늘 배울 표현은 **~하기 위해서**

미케 해변은 미국 포브스가 선정한 세계 6대 비치로 꼽히는 해변으로, 다낭 북부에 있는 베트남에서 가장 유명한 해변 중 하나이다. 1975년 이전 베트남 전쟁 당시 미군의 휴양소로 사용되었다고 한다.

특히 그 어느 해변보다 규모가 큰 편으로, 20 km 가까이 길게 펼쳐져 있는 해안선을 따라 고급 리조트가 늘어서 있고, 해변에는 비치파라솔이 가득하다. 태닝과 서핑을 즐기는 여행자들이 즐겨 찾는 곳으로 다낭 최고의 서핑 장소로 꼽힌다.

미리보기

이번 랜드마크에서는 어떤 대화를 하는지 먼저 살펴볼까요?

원어민의 음성을 들어보세요.

Vietnam_23.mp3

1

A: Gần trung tâm Đà Nẵng có bãi biển không?

B: Có bãi biển Mỹ Khê. Nhiều người đi đến đây vì gần và yên tĩnh.

2

A: Thời điểm nào là tốt nhất để đi bơi?

B: Từ tháng 5 đến tháng 7 vì sóng lăn tăn.

3

A: Bãi biển Mỹ Khê dài đến mấy Km?

B: Nó dài đến khoảng 20km cùng với đường lộ ôm quanh bãi biển.

1

A: 다낭 근처에 해변이 있어요?

B: 미케 해변이 있어요. 가깝고 조용해서 많은 사람들이 이 곳에 가요.

2

A: 수영하기에 어떤 시기가 가장 좋나요?

B: 5월에서 7월이요. 파도가 잔잔하기 때문이죠.

3

A: 미케 해변은 길이가 몇 km입니까?

B: 해변을 둘러싼 도로와 함께 대략 20km 정도 돼요.

준비하기

오늘의 주요 단어입니다.
학습을 시작하기 전에
단어부터 살펴보아요.

- gần 가까운
  건
- để ~하기 위해
  데
- thời điểm 시기
  터이 디엠
- bơi 수영하다
  버이
- sóng 파도
  썽
- đường lộ 도로
  드엉 로
- quanh 주변에
  꾸아잉
- và 그리고
  봐
- yên tĩnh 조용한
  옌 띵
- tốt 좋은
  똣
- lăn tăn 잔잔한
  란 딴
- nó 그것
  너
- cùng với ~와 함께
  꿍 붜이
- ôm 껴안다
  옴

이정도 한마디는
랜드마크에서 꼭 해보아요.
패턴으로 완벽 암기하세요.

để+동사 ~하기 위해서

- Tôi ghé khách sạn để ngủ nướng.
  또이 개 카익 산 데 응우 느엉
  저는 낮잠을 자기 위해 호텔에 들렀어요.
- Tôi mua bản đồ để tìm đường.
  또이 무어 반 도 데 띰 드엉
  저는 길을 찾기 위해 지도를 샀어요.
- Tôi mua nón lá để che ánh nắng.
  또이 무어 넌 라 데 째 아잉 낭
  저는 햇빛을 가리기 위해 넌라(베트남모자)를 샀어요.
- Tôi ghé tiệm cà phê để nghỉ.
  또이 개 띠엠 까 페 데 응이
  저는 쉬기 위해 커피숍에 들렀어요.
- Tôi đặt vé sớm để được khuyến mãi.
  또이 닫 붸 썸 데 드억 쿠엔 마이
  저는 혜택을 받기 위해 표를 일찍 예약했어요.

일지쓰기

랜드마크에서 대화한 내용을 떠올리며 빈칸을 채워보세요.

1

A: ________ trung tâm Đà Nẵng có bãi biển không?
껀 쭝 떰 다 낭 꺼 바이 비엔 콩

B: Có bãi biển Mỹ Khê. Nhiều người đi đến đây vì gần và yên tĩnh.
꺼 바이 비엔 미 케 니에우 응어이 디 덴 더이 뷔 건 바 옌 띵

A: 다낭 근처에 해변이 있어요?

B: 미케 해변이 있어요. 가깝고 조용해서 많은 사람들이 이 곳에 가요.

2

A: Thời điểm nào là tốt nhất ________ đi bơi?
터이 디엠 나오 라 똣 녓 데 디 버이

B: Từ tháng [1]5 đến tháng [2]7 vì sóng lăn tăn.
뜨 탕 덴 탕 뷔 썽 란 딴

A: 수영하기에 어떤 시기가 가장 좋나요?

B: 5월에서 7월이요. 파도가 잔잔하기 때문이죠.

3

A: Bãi biển Mỹ Khê ________ đến mấy Km?
바이 비엔 미 케 자이 덴 머이 끼로 멘

B: Nó dài đến khoảng [3]20km cùng với đường lộ ôm quanh bãi biển.
너 자이 덴 쾅 꿍 뷔이 드엉 로 옴 꽈잉 바이 비엔

A: 미케 해변은 길이가 몇 km입니까?

B: 해변을 둘러싼 도로와 함께 대략 20km 정도 돼요.

참고

1 5 (남)
2 7 (바이)
3 20km (하이 므어이 끼로 멘)

정답

1 Gần
2 để
3 dài

24

바나 힐(Núi Bà Nà)

오늘 배울 표현은 **왜 ~하나요?**

바나 힐은 1,478m 높이에 위치한 테마파크로 원래 프랑스 식민지 시절 관료들이 더위를 피하기 위해 건설한 휴양지이다. 1954년 베트남 독립 선언 이후 폐허로 방치되어 있다가 1998년 베트남 정부의 승인하에 자연 친화적인 휴양지로 개발되기 시작했다.
5.8km에 달하는 케이블 카를 타고 올라가면 마치 유럽의 어느 마을을 연상시키는 멋진 건물과 정원이 펼쳐져 있다.
한편, 중앙 분수대의 뒤 쪽에는 사원과 탑, 불상 등이 있어 동, 서양의 절묘한 조합을 느낄 수 있다.

▶ 주소 : Hòa Vang, Đà Nẵng, Việt Nam

미리보기

이번 랜드마크에서는 어떤 대화를 하는지 먼저 살펴볼까요?

원어민의 음성을 들어보세요.

Vietnam_24.mp3

1

A: Đến núi Bà Nà bằng phương tiện gì?

B: Đi bằng cáp treo, mất khoảng 15 phút.

2

A: Thời tiết núi Bà Nà thế nào?

B: Vì là núi nên mát lắm, nhiệt độ trung bình là 20 °C.

3

A: Tại sao người ta xây dựng khu nghỉ mát trên núi như thế?

B: Hồi thời Pháp xâm lược, người Pháp xây dựng để tránh nóng.

1

A: 바나 산에는 무슨 (교통) 수단으로 가나요?

B: 케이블카로 대략 15분이 걸려요.

2

A: 바나 산의 날씨는 어때요?

B: 평균온도는 20 ℃ 정도로 산이기 때문에 매우 선선해요.

3

A: 왜 사람들은 산에 리조트를 지었죠?

B: 프랑스의 식민지 시절, 프랑스 사람들이 더위를 피하기 위해 지었어요.

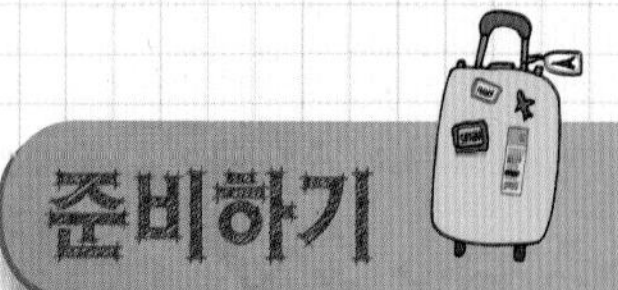

오늘의 주요 단어입니다. 학습을 시작하기 전에 단어부터 살펴보아요.

- mỗi 각각의
  모이
- khác 다른
  칵
- trung bình 평균의
  쭝 빙
- như thế 그처럼
  늬으 테
- xây dựng 짓다, 건설하다
  써이 증
- muộn 늦은
  무온
- trọn gói 패키지
  쩐 거이
- phương tiện 수단
  프엉 띠엔
- theo ~에 따라
  태오
- mùa 계절
  무어
- nhiệt độ 온도
  니엗 도
- hồi (과거의) 때
  호이
- xâm lược 침략하다
  썸 르억
- tránh 피하다
  짜잉

이정도 한마디는 랜드마크에서 꼭 해보아요. 패턴으로 완벽 암기하세요.

Tại sao +(주어)+동사? 왜 ~하나요?

- Tại sao đắt thế?
  따이 싸오 닫 테
  왜 그렇게 비싸요?

- Tại sao ở đây không bán cà phê?
  따이 싸오 어 더이 콤 반 까 페
  왜 여기는 커피를 팔지 않나요?

- Tại sao bạn đến muộn?
  따이 싸오 반 덴 무온
  왜 너는 늦게 왔니?

- Tại sao chị đi du lịch trọn gói?
  따이 싸오 찌 디 쥬 릭 쩐 거이
  왜 당신은 패키지여행을 하시나요?

- Tại sao tắc xi chưa đến?
  따이 싸오 딱 씨 쯔어 덴
  왜 택시가 아직 오지 않나요?

일지쓰기

랜드마크에서 대화한 내용을 떠올리며 빈칸을 채워보세요.

1

A: Đến núi Bà Nà ________ phương tiện gì?
덴 누이 바 나 방 프엉 띠엔 지

B: Đi bằng cáp treo, mất khoảng [1] 15 phút.
디 방 깝 쩨오 멋 쾅 풋

A: 바나 산에는 무슨 (교통) 수단으로 가나요?

B: 케이블카로 대략 15분이 걸려요.

2

A: Thời tiết núi Bà Nà thế nào?
터이 띠엣 누이 바 나 테 나오

B: ________ là núi ________ mát lắm, nhiệt độ trung bình là [2] 20 ℃.
뷔 라 누이 넨 맛 람 니엣 도 쭝 빙 라

A: 바나 산의 날씨는 어때요?

B: 평균온도는 20 ℃ 정도로 산이기 때문에 매우 선선해요.

3

A: ________ người ta xây dựng khu nghỉ mát trên núi như thế?
따이 싸오 응어이 따 써이 증 쿠 응이 맛 쩬 누이 녀으 테

B: Hồi thời Pháp xâm lược, người Pháp xây dựng để tránh nóng.
호이 터이 팝 썸 르억 응어이 팝 써이 증 데 짜잉 넘

A: 왜 사람들은 산에 리조트를 지었죠?

B: 프랑스의 식민지 시절, 프랑스 사람들이 더위를 피하기 위해 지었어요.

☆ 참고

[1] 15 (므어이 람)
[2] 20 ℃ (하이 므어이 도 쌔)

정답

1 bằng
2 Vì, nên
3 Tại sao

다음 빈칸에 들어갈 내용을 떠올리며
앞서 다녀온 랜드마크를 다시 기억해보세요.

21

참 박물관(Bảo tàng điêu khắc Chăm)

주어 có mấy / bao nhiêu 명사? 주어는 몇 개의 ~을 가지고 있나요?

- Nhóm có ______ người?
  그룹엔 몇 명의 인원이 있나요?
- Một ngày ______ chuyến đi Đà Nẵng?
  하루에 다낭으로 가는 편이 몇 개 있나요?
- Xe này có mấy chỗ?
  이 차는 몇 인승인가요?
- Chị có mấy túi hành lý?
  당신은 몇 개의 짐을 가지고 있나요?
- Anh có mấy quyển ______ hướng dẫn?
  당신은 몇 권의 안내 책을 가지고 있나요?

정답

» bao nhiêu
» có mấy
» sách

22

아시아 파크(Công viên châu Á)

(주어) 동사 ở đâu? 어디에서 ~하나요?

- Bắt tắc xi ______?
  택시를 어디에서 잡나요?
- Chúng ta mua vé ở đâu?
  티켓을 어디에서 사나요?
- Lên ______ ở đâu?
  배를 어디에서 타나요?
- Anh sẽ ngắm cảnh đêm ở đâu?
  야경을 어디에서 구경할 건가요?
- ______ ở đâu?
  어디에서 환전 하나요?

정답

» ở đâu
» tàu
» Đổi tiền

23

미케 해변(Bãi biển Mỹ Khê)

để+동사 ~하기 위해서

- Tôi ghé khách sạn ______ ngủ nướng.
  저는 낮잠을 자기 위해 호텔에 들렀어요.
- Tôi mua bản đồ để tìm ______.
  저는 길을 찾기 위해 지도를 샀어요.
- Tôi mua nón lá để che ánh nắng.
  저는 햇빛을 가리기 위해 넌라(베트남모자)를 샀어요.
- Tôi ghé tiệm cà phê để ______.
  저는 쉬기 위해 커피숍에 들렀어요.
- Tôi đặt vé sớm để được khuyến mãi.
  저는 혜택을 받기 위해 표를 일찍 예약했어요.

정답

» để
» đường
» nghỉ

24

바나 힐(Núi Bà Nà)

Tại sao +(주어)+동사? 왜 ~하나요?

- ______ đắt thế?
  왜 그렇게 비싸요?
- Tại sao ở đây không bán cà phê?
  왜 여기는 커피를 팔지 않나요?
- Tại sao bạn đến ______?
  왜 너는 늦게 왔니?
- Tại sao chị đi du lịch ______?
  왜 당신은 패키지여행을 하시나요?
- Tại sao tắc xi chưa đến?
  왜 택시가 아직 오지 않나요?

정답

» Tại sao
» muộn
» trọn gói

랜드마크 베트남 여행

호이안

호이안
(Hội An)

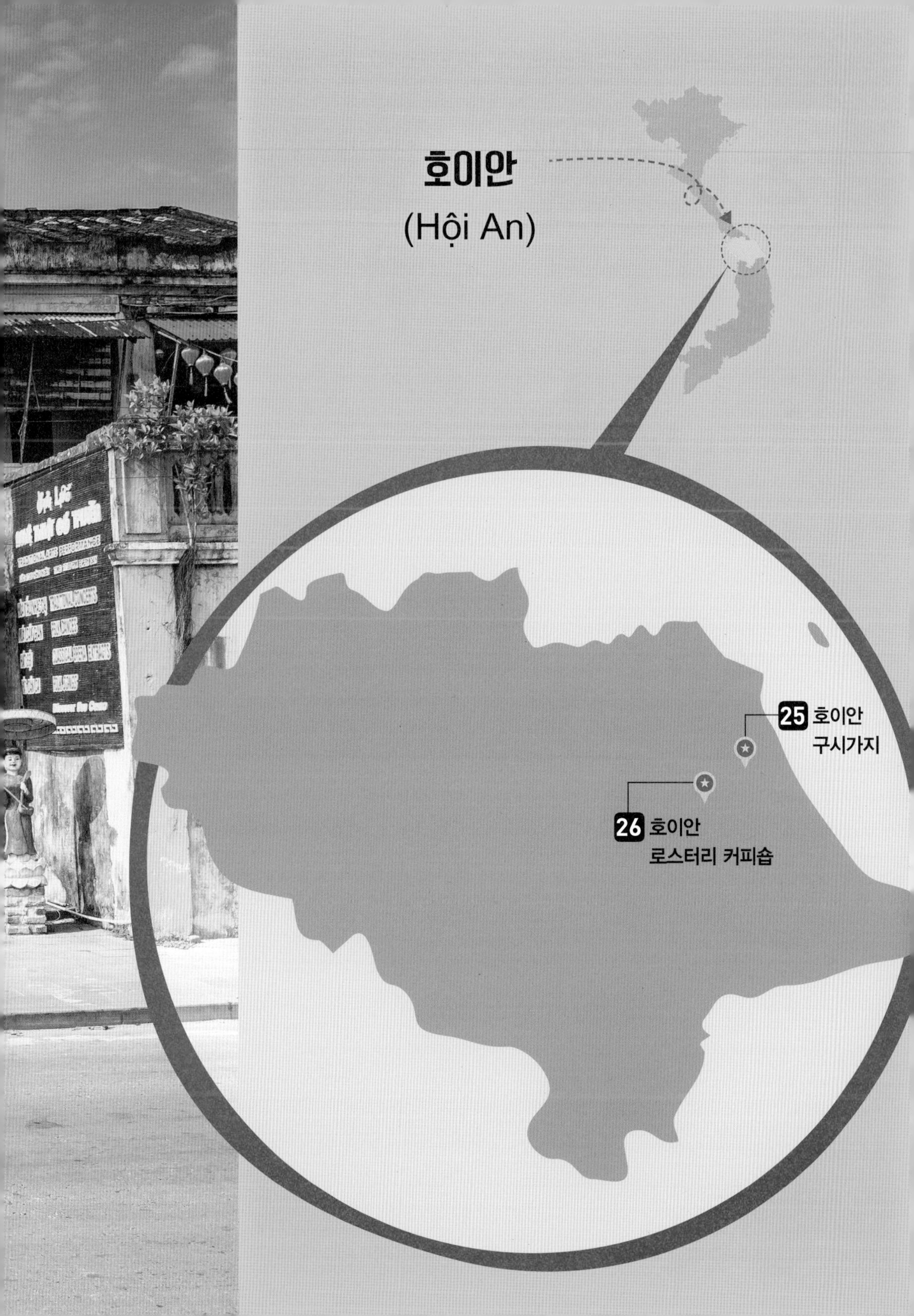

25 호이안 구시가지(Phố cổ Hội An)

오늘 배울 표현은 ~라고 들었어요

투본강 하류에 위치한 호이안은 17세기에서 18세기까지 국제적인 항구 도시였다. 특히 호이안 구시가지의 작은 골목을 따라 위치해 있는 대부분의 건물들은 전통 건축 양식을 그대로 보존하고 있어 세계 문화유산으로 지정되기도 한 곳이다.

호이안의 구시가지는 낮과 밤의 풍경이 모두 아름답고 낭만적인 곳으로 햇빛이 강한 낮에는 씨클로나 자전거를 타고, 밤에는 투본강 보트 투어를 해 볼 것을 추천한다. 해가 지면 호이안의 구시가지는 색색의 대나무 등불이 켜져 노란빛으로 물들어 무척 낭만적이다. 또한 기념품이나 수공예품을 저렴한 가격에 살 수 있는 구시가지의 야시장도 구경하는 재미가 쏠쏠하다.

미리보기

이번 랜드마크에서는 어떤 대화를 하는지 먼저 살펴볼까요?

원어민의 음성을 들어보세요.

Vietnam_25.mp3

1

A: Nghe nói phố cổ Hội An được Unesco công nhận là di sản văn hóa thế giới.

B: Đúng rồi. Để tham quan phố cổ, anh phải mua vé vào cửa.

2

A: Một vé vào cửa của phố cổ Hội An bao nhiêu tiền?

B: 120.000 đồng cho một vé.

3

A: Với một vé, tôi có thể tham quan mấy điểm?

B: Anh có thể tham quan 3 điểm. Vé này không có thời hạn sử dụng.

1

A: 호이안 구시가지는 유네스코로부터 세계 문화유산으로 공인받았다고 들었어요.

B: 네, 맞아요. 호이안 구시가지를 둘러보기 위해서 당신(남성)은 입장권을 사야 해요.

2

A: 호이안 구시가지의 입장권 한 장에 얼마예요?

B: 한 장에 12만 동이예요.

3

A: 입장권 한 장으로 몇 군데를 둘러볼 수 있죠?

B: 3군데를 관광할 수 있어요. 이 티켓은 사용기한이 따로 없어요.

준비하기

오늘의 주요 단어입니다.
학습을 시작하기 전에
단어부터 살펴보아요.

- cổ 옛날의
  꼬
- công nhận 공인하다
  꼼 년
- điểm 지점, 장소
  디엠
- sử dụng 사용하다
  쓰 줌
- hoàng hôn 노을
  호앙 혼
- miền Trung 중부지역
  미엔 쭝
- mặn 짠
  만
- di sản 유산
  지 산
- thời hạn 기한
  터이 한
- sân bay 공항
  썬 바이
- với ~와(함께)
  붜이
- phải ~해야 한다
  퐈이
- được ~하게 되다
  드억
- hơi 조금
  허이

이정도 한마디는
랜드마크에서 꼭 해보아요.
패턴으로 완벽 암기하세요.

Nghe nói~ ~라고 들었어요

- Nghe nói ở Hội An không có sân bay.
  응에 너이 어 호이 안 콤 꺼 썬 바이
  호이안에 공항이 없다고 들었어요.

- Nghe nói phong cảnh hoàng hôn ở Hội An rất đẹp.
  응에 너이 퐁 까잉 호앙 혼 어 호이 안 전 댑
  호이안의 노을 풍경이 매우 예쁘다고 들었어요.

- Nghe nói chị sẽ đi Đà Nẵng bằng xe buýt.
  응에 너이 찌 쎄 디 다 낭 방 쌔 부읻
  당신(여성)이 다낭에 버스 타고 간다고 들었어요.

- Nghe nói chợ đêm có nhiều hàng rẻ.
  응에 너이 쩌 뎀 꺼 니에우 항 재
  야시장에 저렴한 물건이 많다고 들었어요.

- Nghe nói các món ăn miền Trung hơi mặn.
  응에 너이 깍 먼 안 미엔 쭝 허이 만
  중부 지역음식이 조금 짜다고 들었어요.

일지쓰기

랜드마크에서 대화한 내용을 떠올리며 빈칸을 채워보세요.

1

A: _________ phố cổ Hội An được Unesco công nhận là di sản văn hóa thế giới.
응에 너이 포 꼬 호이 안 드억 Unesco 꽁 년 라 지 싼 반 호아 테 저이

B: _________ rồi. Để tham quan phố cổ, anh phải mua vé vào cửa.
둥 죠이 데 탐 꽌 포 꼬 아잉 파이 무어 베 봐오 끄어

A: 호이안 구시가지는 유네스코로부터 세계 문화유산으로 공인받았다고 들었어요.

B: 네, 맞아요. 호이안 구시가지를 둘러보기 위해서 당신(남성)은 입장권을 사야 해요.

2

A: Một _________ của phố cổ Hội An bao nhiêu tiền?
못 베 봐오 끄어 꾸어 포 꼬 호이 안 바오 니에우 띠엔

B: [1]120.000 đồng cho một vé.
동 쪼 못 베

A: 호이안 구시가지의 입장권 한 장에 얼마예요?

B: 한 장에 12만 동이예요.

3

A: Với một vé, tôi có thể _________ mấy điểm?
버이 못 베 또이 꺼 테 탐 꽌 머이 디엠

B: Anh có thể _________ 3 điểm. Vé này không có thời hạn sử dụng.
아잉 꺼 테 탐 꽌 바 디엠 베 나이 콤 꺼 터이 한 쓰 쥼

A: 입장권 한 장으로 몇 군데를 둘러볼 수 있죠?

B: 3군데를 관광할 수 있어요. 이 티켓은 사용기한이 따로 없어요.

참고

[1] 120.000 (몯찜 하이 므어이 응인)

정답

1 Nghe nói, Đúng
2 vé vào cửa
3 tham quan

26

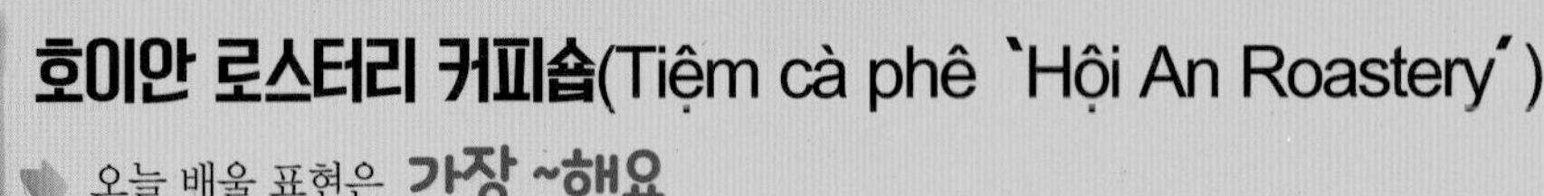

호이안 로스터리 커피숍(Tiệm cà phê 'Hội An Roastery')

오늘 배울 표현은 **가장 ~해요**

호이안 로스터리 커피숍은 2015년 오픈해 그 역사는 짧지만 지금은 호이안을 상징하는 커피숍이다. 베트남 특유의 감성과 편안함이 담겨있는 커피숍으로 총 6개의 분점이 있다. 베트남 원두도 직접 구매할 수 있으며, 커피 가격은 조금 비싼 편이지만 호이안을 여행 중이라면 한 번쯤 들러 쉬어갈 만한 곳의 커피 맛과 분위기를 가지고 있다. 베트남에서만 맛볼 수 있는 카페 스어다, 코코넛 커피, 에그 커피 등을 추천한다.

▶ 운영시간 : 7:00 ~ 22:00

▶ 주소

- Roastery – Center : 47 Lê Lợi, Minh An, Tp.
- Roastery – Temple : 685 Hai Bà Trưng, Cẩm Châu, Tp.
- Roastery – Riverside : 95 Bạch Đằng, Minh An, Tp.
- Roastery – Lantern Street : 177 Nguyễn Thái Học.
- Roastery Bistro : 95 Bạch Đằng, Minh An, Tp.

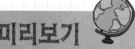

미리보기

이번 랜드마크에서는 어떤 대화를 하는지 먼저 살펴볼까요?

원어민의 음성을 들어보세요.

Vietnam_26.mp3

1

A: Ở Hội An tiệm cà phê nào nổi tiếng nhất?

B: Dù ở Hội An có nhiều tiệm cà phê nhưng tiệm 'Hội An Roastery' nổi tiếng nhất.

2

A: Tiệm cà phê đó nằm ở trên đường nào?

B: Ở Hội An có 6 tiệm chi nhánh. Trên đường Trần Phú, Lê Lợi và Hai Bà Trưng. v.v..

3

A: Ở tiệm Hội An Roastery cũng bán loại bánh hả?

B: Có chứ! Tiệm này bán nhiều loại cà phê, bánh và món Việt Nam nữa.

1

A: 호이안에는 어떤 커피숍이 가장 유명해요?

B: 호이안에는 많은 커피숍이 있지만, '호이안 로스터리' 커피숍이 가장 유명해요.

2

A: 그 커피숍은 어느 길에 위치해있어요?

B: 호이안에 6개의 분점이 있어요. 쩐푸 길과 레러이 길, 하이바쯩 길 등에요.

3

A: 호이안 로스터리 커피숍에는 빵 종류도 파나요?

B: 당연히 있죠. 이 커피숍에는 많은 종류의 커피와 빵을 팔고요. 그리고 베트남 음식까지 팔아요.

준비하기

오늘의 주요 단어입니다.
학습을 시작하기 전에
단어부터 살펴보아요.

- **đó** 그, 그것 (더)
- **tiệm** 가게 (띠엠)
- **bán** 팔다 (반)
- **bánh** 빵 (바잉)
- **và** 그리고 (봐)
- **thành phố** 도시 (타잉 포)
- **người ta** 사람들 (응으어이 따)
- **dù** 비록~일지라도 (쥬)
- **nhưng** 그러나 (뇌응)
- **chi nhánh** 분점 (찌 냐잉)
- **loại** 종류 (로아이)
- **chứ** 확신을 나타냄 (쯔)
- **nữa** 더 ~한 (느어)
- **mới** 새로운 (머이)

이정도 한마디는
랜드마크에서 꼭 해보아요.
패턴으로 완벽 암기하세요.

A 형용사 nhất 가장~해요

- Khách sạn đó tốt nhất ở thành phố này.
  카익 산 더 똣 녓 어 타잉 포 나이
  그 호텔이 이 도시에서 가장 좋아요.

- Người ta ăn món này nhiều nhất.
  응어이 따 안 먼 나이 니에우 녓
  사람들은 이 음식을 제일 많이 먹어요.

- Cái này được bán nhiều nhất.
  까이 나이 드억 반 니에우 녓
  이게 제일 많이 팔려요

- Nhà hàng đó gần nhất từ đây.
  냐 항 더 건 녓 뜨 더이
  그 식당이 여기서 제일 가까워요.

- Đây là hàng mới nhất.
  더이 라 항 머이 녓
  이게 가장 최신의 물건이에요.

일지쓰기 

랜드마크에서 대화한 내용을 떠올리며 빈칸을 채워보세요.

1

A: Ở Hội An tiệm cà phê nào nổi tiếng _________?
어 호이 안 띠엠 까 페 나오 노이 띠엥 넌

B: Dù ở Hội An có nhiều tiệm cà phê nhưng tiệm
쥬 어 호이 안 꺼 니에우 띠엠 까 페 니응 띠엠
'Hội An Roastery' nổi tiếng _________.
호이 안 Roastery 노이 띠엥 넌

A: 호이안에는 어떤 커피숍이 가장 유명해요?

B: 호이안에는 많은 커피숍이 있지만, '호이안 로스터리' 커피숍이 가장 유명해요.

2

A: Tiệm cà phê đó _________ ở trên đường nào?
띠엠 까 페 더 넘 어 쩬 드엉 나오

B: Ở Hội An có [1]6 tiệm chi nhánh. Trên đường
어 호이 안 꺼 싸우 띠엠 찌 냐잉 쩬 드엉
Trần Phú, Lê Lợi và Hai Bà Trưng v.v..
쩐 푸 레 러이 봐 하이 바 쯩 뷔.뷔.

A: 그 커피숍은 어느 길에 위치해있어요?

B: 호이안에 6개의 분점이 있어요. 쩐푸 길과 레러이 길, 하이바쯩 길 등에요.

3

A: Ở tiệm Hội An Roastery cũng _________ loại bánh hả?
어 띠엠 호이 안 Roastery 꿍 반 로아이 바잉 하

B: Có chứ! Tiệm này _________ nhiều loại cà phê, bánh và món Việt Nam nữa.
꺼 쯔 띠엠 나이 반 니에우 로아이 까 페 바잉 봐 먼 비엣 남 느어

A: 호이안 로스터리 커피숍에는 빵 종류도 파나요?

B: 당연히 있죠. 이 커피숍에는 많은 종류의 커피와 빵을 팔고요. 그리고 베트남 음식까지 팔아요.

참고

1 6 (싸우)

정답

1 nhất
2 nằm
3 bán

랜드마크 베트남 여행
냐짱

냐짱
(Nha Trang)
27 냐짱
28 빈펄 랜드

27 냐짱(Nha Trang)

오늘 배울 표현은 **~할 수 있어요**

동양의 나폴리라 불리는 냐짱은 세계적으로 아름다운 만 29개 중에 하나로 꼽히고 있으며, 7km 이상 길게 뻗어 있는 아름다운 백사장으로 베트남의 지중해라고 불리기도 한다.
나짱의 기후는 연중 300일 이상 맑은 날씨를 자랑할 정도로 일 년 내내 맑고 따뜻한 편이다. 냐짱의 아름다운 산호지대는 스노클링과 스쿠버다이빙을 하기에 좋으며 웨이크보드를 즐기러 오는 관광객들도 많다.
해변 도시인만큼 싱싱한 해산물을 맛볼 수 있으며 온천이나 맛사지샵도 곳곳에 위치해 있어 여행에서 쌓인 피로를 풀며 여행을 즐길 수 있는 곳이기도 하다.

미리보기

이번 랜드마크에서는 어떤 대화를 하는지 먼저 살펴볼까요?

원어민의 음성을 들어보세요.

Vietnam_27.mp3

1

A: Từ sân bay đến trung tâm Nha Trang mất bao lâu?

B: Mất khoảng 30 phút bằng tắc xi.

2

A: Ở trung tâm có nhiều khách sạn không?

B: Có, nhưng tôi đề nghị anh đặt khu nghỉ mát ngoại ô. Vì anh có thể nghỉ ngơi yên tĩnh hơn.

3

A: Tôi có thể chơi các môn thể thao trên biển Nha Trang không?

B: Vâng, Anh có thể chơi lướt ván, du lượn v.v..

1

A: 공항에서 냐짱 시내까지 얼마나 걸려요?

B: 택시로 대략 30분 정도 걸려요.

2

A: 냐짱 시내에는 호텔이 많이 있죠?

B: 네. 그렇지만 외곽에 있는 휴양지를 예약하는 것을 제안해요. 더 조용하게 쉴 수 있기 때문이죠.

3

A: 제가 냐짱 해변에서 수상 스포츠를 즐길 수 있을까요?

B: 네. 수상스키나 패러글라이딩 등을 할 수 있어요.

오늘의 주요 단어입니다.
학습을 시작하기 전에
단어부터 살펴보아요.

- bao lâu 얼마나 오래
  바오 러우
- phút 분
  풋
- đề nghị 제안하다
  데 응이
- khu nghỉ mát 휴양지
  쿠 응이 맛
- nghỉ (ngơi) 쉬다
  응이 (응어이)
- thể thao 스포츠
  테 타오
- lướt ván 수상스키
  르엇 봔
- ngoại ô 외곽
  응오아이 오
- chơi (운동, 악기 등)하다
  쩌이
- môn 종목
  몬
- du lượn 패러글라이딩
  쥬 르언
- lên 오르다, 타다
  렌
- nói 말하다
  너이
- mưa 비 오는
  므어

이정도 한마디는
랜드마크에서 꼭 해보아요.
패턴으로 완벽 암기하세요.

A có thể 동사/형용사 (được)

~할 수 있어요

- Tôi có thể nói tiếng Việt một chút được.
  또이 꺼 테 너이 띠엥 비엣 못 쭛 드억
  저는 베트남어를 조금 말할 수 있어요.
- Anh có thể đi bộ đến đó được.
  아잉 꺼 테 디 보 덴 더 드억
  당신(남)은 걸어서 그 곳에 갈 수 있어요.
- Tôi có thể ăn rau thơm được.
  또이 꺼 테 안 자우 텀 드억
  저는 향채를 먹을 수 있어요.
- Chiều hôm nay trời cũng có thể mưa.
  찌에우 홈 나이 쩌이 꿍 꺼 테 므어
  오늘 오후엔 비가 올 수도 있어요.
- Chủ nhật thì có thể đóng cửa.
  쭈 녓 티 꺼 테 덩 끄어
  일요일에는 문을 닫을 수 있어요.

일지쓰기

랜드마크에서 대화한 내용을 떠올리며 빈칸을 채워보세요.

1

A: Từ sân bay đến trung tâm Nha Trang ________ bao lâu?
뜨 썬 바이 덴 쭝 떰 냐 짱 먼 바오 러우

B: Mất khoảng [1] 30 phút ________ tắc xi.
먿 쾅 풋 방 딱 씨

A: 공항에서 냐짱 시내까지 얼마나 걸려요?

B: 택시로 대략 30분 정도 걸려요.

2

A: Ở ________ có nhiều khách sạn không?
어 쭝 떰 꺼 니에우 카익 산 콤

B: Có, nhưng tôi đề nghị anh đặt khu nghỉ mát ngoại ô. ________ anh có thể nghỉ ngơi yên tĩnh hơn.
꺼 늬응 또이 데 응이 아잉 닫 쿠 응이 맏 응오아이 오 뷔 아잉 꺼 테 응이 응어이 옌 띵 헌

A: 냐짱 시내에는 호텔이 많이 있죠?

B: 네. 그렇지만 외곽에 있는 휴양지를 예약하는 것을 제안해요. 더 조용하게 쉴 수 있기 때문이죠.

3

A: Tôi ________ chơi các môn thể thao trên biển Nha Trang không?
또이 꺼 테 쩌이 깍 몬 테 타오 쩬 비엔 냐 짱 콤

B: Vâng, Anh ________ chơi lướt ván, du lượn v.v..
벙 아잉 꺼 테 쩌이 르얻 반 쥬 르언 뷔.뷔.

A: 제가 냐짱 해변에서 수상 스포츠를 즐길 수 있을까요?

B: 네. 수상스키나 패러글라이딩 등을 할 수 있어요.

참고

[1] 30 (바 므어이)

정답

1 mất, bằng
2 trung tâm, Vì
3 có thể

28

빈펄 랜드(Vinpearl Land)

오늘 배울 표현은 **~했어요?**

나짱의 혼쩨 섬에 있는 빈펄 랜드는 케이블카나 스피드 보트를 타고 이동한다. 빈펄 랜드는 큰 규모의 테마파크로 리조트뿐만 아니라 워터파크, 아쿠아리움, 놀이동산 등 다양한 놀이시설을 갖추고 있는 곳이다.

빈펄 랜드에서 숙박을 할 경우 부대시설을 무료로 모두 이용할 수 있고, 만약 다른 곳에 숙박을 했다면 입장권 하나로 모든 시설을 이용할 수 있다. 빈펄 랜드의 깨끗한 전용 해변을 가지고 있으며 동물원, 키즈카페, 돌고래 쇼 등 다양한 테마파크와 체험 프로그램이 있어 커플 여행뿐만 아니라 가족 여행에도 추천할 만한 곳이다.

미리보기

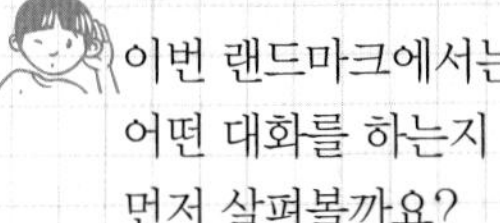

이번 랜드마크에서는 어떤 대화를 하는지 먼저 살펴볼까요?

원어민의 음성을 들어보세요.

Vietnam_28.mp3

1

A: Tôi định đi Vinpearl Land vào sáng mai.

B: Chị đã mua vé chưa?

2

A: Tôi chưa mua vé. 1 vé bao nhiêu tiền?

B: 550.000 đồng, bao gồm phí vào cửa và khu vui chơi.

3

A: Đến Vinpearl Land thế nào?

B: Mất 15 phút đi bằng cáp treo thì đến được.

1

A: 저는 내일 아침에 빈펄 랜드에 가려고요.

B: 표를 샀나요?

2

A: 아직이요. 표 한 장에 얼마예요?

B: 55만 동이고요. 입장료와 놀이 시설을 포함해요.

3

A: 빈펄 랜드는 어떻게 가죠?

B: 케이블카로 15분이면 그곳에 갈 수 있어요.

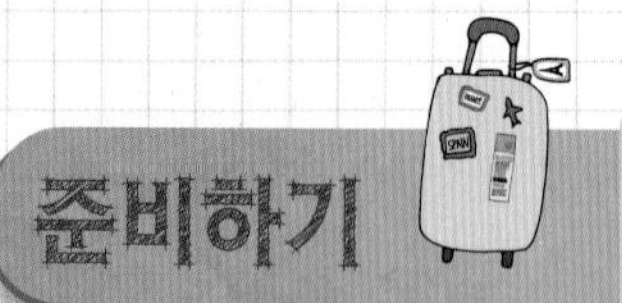

오늘의 주요 단어입니다.
학습을 시작하기 전에
단어부터 살펴보아요.

- bao gồm 포함하다
  바오 곰
- khu vui chơi 놀이 공원
  쿠 부이 쩌이
- phí vào cửa 입장료
  퓌 봐오 끄어
- chưa 아직~하지 않은 완료 여부의 질문
  쯔어
- chương trình 프로그램
  쯔엉 찌잉
- chuẩn bị 준비하다
  쭈언 비
- bắt đầu 시작하다
  받 더우
- đặt 예약하다
  닫
- vé 티켓
  붸
- cáp treo 케이블카
  깝 째오
- đến 도착하다
  덴
- thuốc cấp cứu 비상약
  투옵 껍 꾸
- đồ lưu niệm 기념품
  도 루 니엠
- khởi hành 출발하다
  커이 하잉

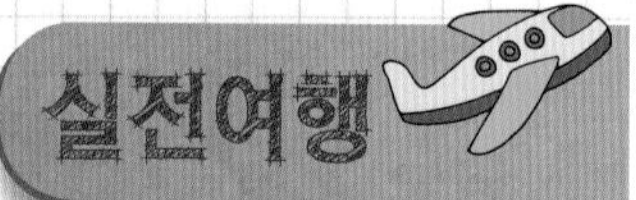

이정도 한마디는
랜드마크에서 꼭 해보아요.
패턴으로 완벽 암기하세요.

주어 đã 동사/형용사 chưa? ~했어요?

- Chị đã đặt phòng chưa?
  찌 다 닫 폼 쯔어
  당신(여)은 방을 예약했나요?

- Chương trình đã bắt đầu chưa?
  쯔엉 찡 다 받 더우 쯔어
  프로그램이 시작했나요?

- Xe lửa đã khởi hành chưa?
  쌔 르어 다 커이 하잉 쯔어
  기차가 출발했나요?

- Bạn đã chuẩn bị thuốc cấp cứu chưa?
  반 다 쭈언 비 투옵 껍 꾸 쯔어
  비상약을 준비했어?

- Chị đã mua đồ lưu niệm chưa?
  찌 다 무어 도 루 니엠 쯔어
  당신(여)은 기념품을 샀나요?

일지쓰기

랜드마크에서 대화한 내용을
떠올리며 빈칸을 채워보세요.

1

A: Tôi định đi Vinpearl Land vào sáng mai.
또이 딩 디 Vinpearl Land 바오 쌍 마이

B: Chị _________ mua vé _________?
찌 다 무어 베 쯔어

A: 저는 내일 아침에 빈펄 랜드에 가려고요.

B: 표를 샀나요?

2

A: Tôi _________ mua vé. 1 vé _________ tiền?
또이 쯔어 무어 베 못 베 바오 니에우 띠엔

B: [1]550.000 đồng, bao gồm phí vào cửa và khu vui chơi.
동 바오 곰 퓌 바오 끄어 봐 쿠 부이 쩌이

A: 아직이요. 표 한 장에 얼마예요?

B: 55만 동이고요. 입장료와 놀이 시설을 포함해요.

3

A: Đến Vinpearl Land _________?
덴 Vinpearl Land 테 나오

B: Mất [2]15 phút đi bằng cáp treo thì đến được.
먿 풋 디 방 깝 째오 티 덴 드억

A: 빈펄 랜드는 어떻게 가죠?

B: 케이블카로 15분이면 그곳에 갈 수 있어요.

참고

1 550.000 (남 짬 남 므어이 응인)
2 15 (므어이 람)

정답

1 đã, chưa
2 chưa, bao nhiêu
3 thế nào

기억하기

다음 빈칸에 들어갈 내용을 떠올리며
앞서 다녀온 랜드마크를 다시 기억해보세요.

25 호이안 구시가지(Phố cổ Hội An)

Nghe nói~ ~라고 들었어요

- _______ ở Hội An không có sân bay.
  호이안에 공항이 없다고 들었어요.
- Nghe nói phong cảnh _______ ở Hội An rất đẹp.
  호이안의 노을 풍경이 매우 예쁘다고 들었어요.
- Nghe nói chị sẽ đi Đà Nẵng bằng xe buýt.
  당신(여성)이 다낭에 버스 타고 간다고 들었어요.
- Nghe nói _______ có nhiều hàng rẻ.
  야시장에 저렴한 물건이 많다고 들었어요.
- Nghe nói các món ăn miền Trung hơi mặn.
  중부 지역음식이 조금 짜다고 들었어요.

정답

» Nghe nói
» hoàng hôn
» chợ đêm

26 호이안 로스터리 커피숍(Tiệm cà phê 'Hội An Roastery')

A 형용사 nhất 가장~해요

- Khách sạn đó tốt _______ ở thành phố này.
  그 호텔이 이 도시에서 가장 좋아요.
- Người ta ăn món này nhiều nhất.
  사람들은 이 음식을 제일 많이 먹어요.
- Cái này được bán nhiều nhất.
  이게 제일 많이 팔려요.
- Nhà hàng đó _______ nhất từ đây.
  그 식당이 여기서 제일 가까워요.
- Đây là _______ mới nhất.
  이게 가장 최신의 물건이에요.

정답

» nhất
» gần
» hàng

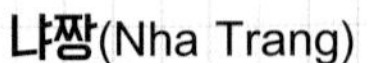

나짱(Nha Trang)

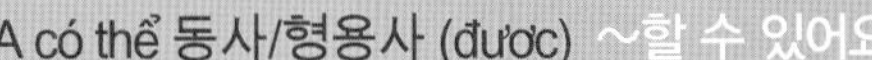

A có thể 동사/형용사 (được) ~할 수 있어요

- Tôi có thể nói tiếng Việt một chút được.
  저는 베트남어를 조금 말할 수 있어요.
- Anh ______ đi bộ đến đó ______.
  당신(남)은 걸어서 그곳에 갈 수 있어요.
- Tôi có thể ăn rau thơm được.
  저는 향채를 먹을 수 있어요.
- Chiều hôm nay trời cũng có thể ______.
  오늘 오후엔 비가 올 수도 있어요.
- Chủ nhật thì có thể ______.
  일요일에는 문을 닫을 수 있어요.

정답

» có thể
» được
» mưa
» đóng cửa

28

빈펄 랜드(Vinpearl Land)

주어 đã 동사/형용사 chưa? ~했어요?

- Chị đã đặt phòng chưa?
  당신(여)은 방을 예약했나요?
- Chương trình ______ bắt đầu ______?
  프로그램이 시작했나요?
- Xe lửa đã ______ chưa?
  기차가 출발했나요?
- Bạn đã chuẩn bị ______ chưa?
  비상약을 준비했어?
- Chị đã mua đồ lưu niệm chưa?
  당신(여)은 기념품을 샀나요?

정답

» đã
» chưa
» khởi hành
» thuốc cấp cứu

랜드마크 베트남 여행
다랏

MARGUERITE
HOTEL
HOANG VIET 2
다랏
(Đà Lạt)
29 랑비앙 산
30 다랏
31 쑤언 흐엉 호수

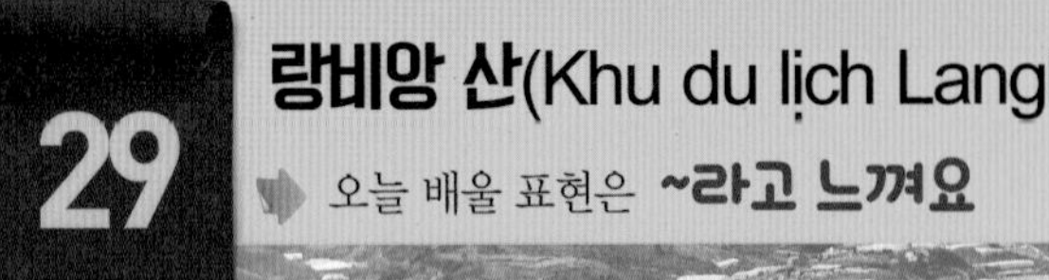

29

랑비앙 산(Khu du lịch Langbiang)

오늘 배울 표현은 **~라고 느껴요**

랑비앙 산은 다랏 시내에서 북쪽으로 약 12㎞ 정도 떨어져 있으며, 해발 2,167m로 다랏의 시내와 계곡을 한눈에 다 볼 수 있는 다랏의 뷰 포인트로 '다랏의 지붕'으로 불리기도 한다. 보통 산 입구 매표소에서 입장권을 구매한 뒤, 정상까지는 지프차를 타고 약 6㎞ 정도를 달려 올라간다. 여기서부터 해발 1950m 지역의 라다 정상까지 다시 숲길을 따라 20~30분 정도 걸어 올라가야 한다. 랑비앙 산에는 랑(Lang)이라는 청년과 비앙(Biang)이라는 처녀의 동상이 있다. 이들은 베트남판 '로미오와 줄리엣'이라 할 수 있는 애절한 사랑의 전설을 갖고 있다.

미리보기

이번 랜드마크에서는 어떤 대화를 하는지 먼저 살펴볼까요?

원어민의 음성을 들어보세요.

Vietnam_29.mp3

1

A: Từ trung tâm Đà Lạt đến núi Langbiang bao xa?

B: Núi Langbiang cách trung tâm Đà Lạt khoảng 12 km.

2

A: Đến đài quan sát đi bằng phương tiện gì?

B: Chị có thể đi bộ hoặc đi bằng xe gíp.

3

A: Nhìn cảnh ở đài quan sát thế nào?

B: Tuyệt vời lắm! Tôi thấy trời và núi giáp với nhau.

1

A: 다랏 시내에서 랑비앙 산까지는 얼마나 멀죠?

B: 랑비앙 산은 다랏 시내에서 약 12km 떨어져 있어요.

2

A: 전망대까지는 무엇을 타고 가죠?

B: 걸어갈 수도 있고 지프차를 이용해 갈 수도 있어요.

3

A: 전망대에서 풍경을 보는 건 어때요?

B: 굉장해요! 제가 느끼기엔 산과 하늘이 맞닿은 것 같아요.

준비하기

오늘의 주요 단어입니다.
학습을 시작하기 전에
단어부터 살펴보아요.

- bao xa 얼마나 먼
  바오 싸
- xe gíp 지프차
  쌔 집
- với ~와 (함께)
  붜이
- phù hợp 적합한
  푸 헙
- hấp dẫn 매력적인
  헙 전
- lịch trình 일정
  릭 찌잉
- thú vị 재밌는
  투 븨
- đài quan sát 전망대
  다이 꾸안 쌋
- phương tiện 교통수단
  프엉 띠엔
- hoặc 또는
  호악
- nhìn cảnh 풍경을 감상하다
  닌 까잉
- giáp ~와 맞닿은
  잡
- khẩu vị 입맛
  커우 븨
- tiện 편리한
  띠엔

이정도 한마디는
랜드마크에서 꼭 해보아요.
패턴으로 완벽 암기하세요.

주어 thấy ~ ~라고 느껴요

- Tôi thấy món này phù hợp với khẩu vị của tôi.
  또이 터이 먼 나이 푸 헙 붜이 커우 븨 꾸어 또이
  저는 이 음식이 제 입맛에 맞는 것 같아요.
- Tôi thấy điểm này rất hấp dẫn.
  또이 터이 디엠 나이 젓 헙 전
  저는 이 곳이 매우 매력적인 것 같아요.
- Tôi thấy món này hơi mặn.
  또이 터이 먼 나이 허이 만
  저는 이 음식이 조금 짠 것 같아요.
- Tôi thấy lịch trình ngày mai sẽ thú vị hơn.
  또이 터이 릭 찡 응아이 마이 쌔 투 븨 헌
  저는 내일 일정이 더 재밌을 것 같아요.
- Tôi thấy đi xe lửa sẽ tiện hơn.
  또이 터이 디 쌔 르어 쌔 띠엔 헌
  저는 기차로 가는 게 더 편할 것 같아요.

일지쓰기

랜드마크에서 대화한 내용을 떠올리며 빈칸을 채워보세요.

1

A: ________ trung tâm Đà Lạt ________ núi Langbiang bao xa?
뜨 쭝 떰 다 랏 덴 누이 랑비앙 바오 싸

B: Núi Langbiang cách trung tâm Đà Lạt khoảng [1]12 km.
누이 랑비앙 까익 쭝 떰 다 랏 콰

A: 다랏 시내에서 랑비앙 산까지는 얼마나 멀죠?

B: 랑비앙 산은 다랏 시내에서 약 12km 떨어져 있어요.

2

A: Đến đài quan sát đi bằng phương tiện gì?
덴 다이 꽌 쌋 디 방 프엉 띠엔 지

B: Chị ________ đi bộ hoặc đi bằng xe gíp.
찌 꺼 테 디 보 호악 디 방 쌔 집

A: 전망대까지는 무엇을 타고 가죠?

B: 걸어갈 수도 있고 지프차를 이용해 갈 수도 있어요.

3

A: Nhìn cảnh ở đài quan sát thế nào?
닌 까잉 어 다이 꽌 쌋 테 나오

B: ________ lắm! Tôi thấy trời và núi giáp với nhau.
뚜옛 붜이 람 또이 터이 쩌이 봐 누이 잡 붜이 나우

A: 전망대에서 풍경을 보는 건 어때요?

B: 굉장해요! 제가 느끼기엔 산과 하늘이 맞닿은 것 같아요.

참고

[1] 12 km (므어이 하이 끼로 멧)

정답

1 Từ, đến
2 có thể
3 Tuyệt vời

30 다랏(Đà Lạt)

오늘 배울 표현은 **A는 B만큼/처럼 ~해요**

'영원한 봄의 도시', '꽃의 도시'라고도 불리는 다랏은 구릉지대로 해발 1,500m에 위치해 있어 평균기온이 18~23 ℃ 정도로 조금은 서늘하고 쾌적한 날씨가 이어진다. 또한 일 년 내내 잦은 안개도 이 도시의 특징 중 하나이다.

다랏은 20세기 초 프랑스 지배기에 휴양지로 개발되었으며, 일 년 내내 피는 꽃과 우거진 소나무 숲이 어우러져 아름다운 자연 풍경으로 현재는 베트남 사람들의 신혼여행지이자 관광지로 꼽힌다.

다랏이라는 이름은 라틴어 'Dat Aliis Laetitiam Aliis Temperiem' (어떤 이에게는 즐거움을, 어떤 이에게는 신선함을)에서 왔으며, 프랑스 식민지 정부가 다랏(Đà Lạt)이라는 이름을 정식으로 사용했다고 전해진다.

미리보기

이번 랜드마크에서는 어떤 대화를 하는지 먼저 살펴볼까요?

원어민의 음성을 들어보세요.

Vietnam_30.mp3

1

A: Thành phố Đà Lạt nằm ở đâu?

B: Đà Lạt là một thành phố cao nguyên nằm ở miền Trung Nam bộ.

2

A: Thời tiết Đà Lạt thế nào?

B: Đà Lạt mát như mùa thu Hàn Quốc.

3

A: Sao người ta gọi Đà Lạt là thành phố Hoa?

B: Vì ở Đà Lạt có nhiều hoa đẹp. Hồi xưa người Pháp đã khai thác Đà Lạt làm nơi nghỉ mát.

1

A: 다랏은 어디에 위치해 있나요?

B: 다랏은 고원도시이고, 중남부 지역에 위치해있어요.

2

A: 다랏의 날씨는 어때요?

B: 다랏은 한국의 가을처럼 선선해요.

3

A: 왜 사람들은 다랏을 꽃의 도시라고 부르죠?

B: 왜냐하면 다랏에는 예쁜 꽃들이 많기 때문이죠. 옛날에 프랑스 사람이 다랏을 휴양지로 개발했어요.

오늘의 주요 단어입니다.
학습을 시작하기 전에
단어부터 살펴보아요.

- cao nguyên 고원 (까오 응우옌)
- giống như ~와 닮은 (좀 니으)
- mát 선선한 (맏)
- hoa 꽃 (호아)
- bức tranh 그림 (븍 짜잉)
- rộng 넓은 (좀)
- hôm qua 어제 (홈 꾸아)
- nằm ~에 위치해 있다 (남)
- mùa thu 가을 (무어 투)
- gọi 부르다 (거이)
- khai thác 개발하다 (카이 탁)
- nấu 요리하다 (너우)
- hôm nay 오늘 (홈 나이)
- cao 높은 (까오)

이정도 한마디는
랜드마크에서 꼭 해보아요.
패턴으로 완벽 암기하세요.

A 형용사 bằng / như B A는 B만큼/처럼 ~해요

- Phong cảnh đẹp như bức tranh.
  펑 까잉 댑 니으 븍 짜잉
  경치가 그림처럼 예뻐요.

- Món này ngon như nhà nấu.
  먼 나이 응언 니으 냐 너우
  이 음식은 집 밥처럼 맛있어요.

- Phòng đó rộng bằng phòng này.
  펑 더 좀 방 폼 나이
  그 방은 이 방만큼 넓어요.

- Nhiệt độ hôm nay cao bằng hôm qua.
  니엗 도 홈 나이 까오 방 홈 꾸아
  오늘의 온도는 어제만큼 높아요.

- Núi này cao bằng núi Han-La.
  누이 나이 까오 방 누이 한 라
  이 산은 한라산만큼 높아요.

일지쓰기

랜드마크에서 대화한 내용을 떠올리며 빈칸을 채워보세요.

1

A: Thành phố Đà Lạt nằm ________?
타잉 포 다 랏 남 어 더우

B: Đà Lạt là một thành phố cao nguyên nằm ở
다 랏 라 몯 타잉 포 까오 응우옌 남 어
miền Trung Nam bộ.
미엔 쭝 남 보

A: 다랏은 어디에 위치해 있나요?

B: 다랏은 고원도시이고, 중남부 지역에 위치해있어요.

2

A: ________ Đà Lạt thế nào?
터이 띠엔 다 랏 테 나오

B: Đà Lạt mát như mùa thu Hàn Quốc.
다 랏 맏 늬으 무어 투 한 꾸옥

A: 다랏의 날씨는 어때요?

B: 다랏은 한국의 가을처럼 선선해요.

3

A: ________ người ta gọi Đà Lạt là thành phố Hoa?
싸오 응어이 따 거이 다 랏 라 타잉 포 호아

B: ________ ở Đà Lạt có nhiều hoa đẹp. Hồi xưa
뷔 어 다 랏 꺼 니에우 호아 댑 호이 쓰어
người Pháp đã khai thác Đà Lạt làm nơi nghỉ
응어이 팝 다 카이 탁 다 랏 람 너이 응이
mát.
맏

A: 왜 사람들은 다랏을 꽃의 도시라고 부르죠?

B: 왜냐하면 다랏에는 예쁜 꽃들이 많기 때문이죠. 옛날에 프랑스 사람이 다랏을 휴양지로 개발했어요.

정답

1 ở đâu
2 Thời tiết
3 Sao, Vì

31 쑤언 흐엉 호수(Hồ Xuân Hương)

오늘 배울 표현은 **주어는~입니까?**

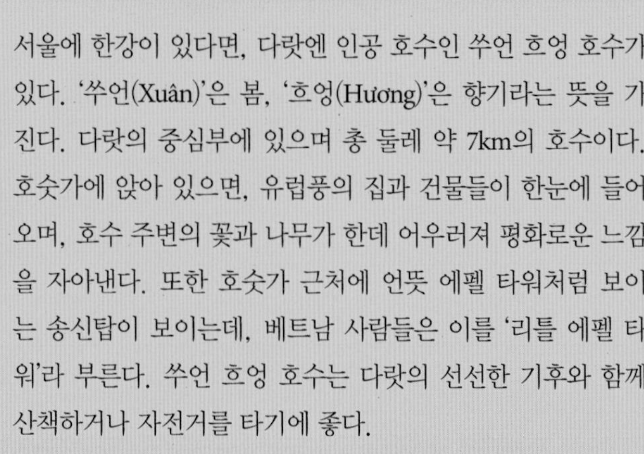

서울에 한강이 있다면, 다랏엔 인공 호수인 쑤언 흐엉 호수가 있다. '쑤언(Xuân)'은 봄, '흐엉(Hương)'은 향기라는 뜻을 가진다. 다랏의 중심부에 있으며 총 둘레 약 7km의 호수이다. 호숫가에 앉아 있으면, 유럽풍의 집과 건물들이 한눈에 들어오며, 호수 주변의 꽃과 나무가 한데 어우러져 평화로운 느낌을 자아낸다. 또한 호숫가 근처에 언뜻 에펠 타워처럼 보이는 송신탑이 보이는데, 베트남 사람들은 이를 '리틀 에펠 타워'라 부른다. 쑤언 흐엉 호수는 다랏의 선선한 기후와 함께 산책하거나 자전거를 타기에 좋다.

미리보기

이번 랜드마크에서는 어떤 대화를 하는지 먼저 살펴볼까요?

원어민의 음성을 들어보세요.

Vietnam_31.mp3

1

A: Hồ Xuân Hương có phải là hồ nước tự nhiên không?

B: Không. Đây là hồ nước nhân tạo được xây dựng vào năm 1919.

2

A: Xung quanh hồ có điểm nào tham quan không?

B: Có một vườn hoa lớn tên là 'vườn hoa lớn thành phố Đà Lạt'.

3

A: Tên của hồ Xuân Hương có nghĩa là gì?

B: Xuân thì có nghĩa mùa xuân, còn Hương có nghĩa mùi thơm.

1

A: 쑤언 호수는 자연호수인가요?

B: 아니오. 1919년에 조성된 인공호수에요.

2

A: 호수 주변에 볼거리가 있나요?

B: 다랏 가든이라는 큰 정원이 하나 있어요.

3

A: Xuân Hương 호수의 이름은 어떤 의미를 가지고 있죠?

B: Xuân은 봄을, Hương은 향기를 뜻해요.

오늘의 주요 단어입니다.
학습을 시작하기 전에
단어부터 살펴보아요.

- hồ (nước) 호수
  호 (느억)
- tự nhiên 자연의
  뜨 니엔
- nhân tạo 인공의
  년 따오
- mùa xuân 봄
  무어 쑤언
- mùi 냄새
  무이
- nhân viên 직원
  년 뷔엔
- phòng đôi 더블룸
  펌 도이
- vườn hoa 가든
  브언 호아
- cái này 이것
  까이 나이
- thật 진짜, 진실
  텃
- tiếp tân 응대하다
  띠엡 떤
- con sóc 다람쥐
  껀 썹
- năm 년도
  남
- điểm 지점, 장소
  디엠

이정도 한마디는
랜드마크에서 꼭 해보아요.
패턴으로 완벽 암기하세요.

주어 có phải là 명사 không?

주어는~입니까?

- Đây có phải là nhà hàng Hàn Quốc không?
  더이 꺼 퐈이 라 냐 항 한 꾸옥 콤
  여기가 한국 식당인가요?
- Cái này có phải là hàng thật không?
  까이 나이 꺼 퐈이 라 항 텃 콤
  이거 진품인가요?
- Chị có phải là nhân viên tiếp tân ở khách sạn này không?
  찌 꺼 퐈이 라 년 뷔엔 띠엡 떤 어 카익 싼 나이 콤
  당신(여)이 이 호텔의 리셉션 직원인가요?
- Đó có phải là phòng đôi không?
  더 꺼 퐈이 라 펌 도이 콤
  그것이 더블룸인가요?
- Cà phê này có phải là cà phê con sóc không?
  까 페 나이 꺼 퐈이 라 까 페 낀 썹 콤
  이 커피가 다람쥐 커피인가요?

일지쓰기

랜드마크에서 대화한 내용을 떠올리며 빈칸을 채워보세요.

1

A: Hồ Xuân Hương có ________ là hồ nước tự nhiên ________?

B: Không. Đây là hồ nước nhân tạo được xây dựng vào năm [1] 1919.

A: 쑤언 호수는 자연호수인가요?

B: 아니오. 1919년에 조성된 인공호수에요.

2

A: Xung quanh hồ có điểm nào ________ không?

B: Có một vườn hoa lớn tên là 'vườn hoa lớn thành phố Đà Lạt'.

A: 호수 주변에 볼거리가 있나요?

B: 다랏 가든이라는 큰 정원이 하나 있어요.

3

A: Tên của hồ Xuân Hương có nghĩa là ________?

B: Xuân thì có nghĩa ________, còn Hương có nghĩa mùi thơm.

A: Xuân Hương 호수의 이름은 어떤 의미를 가지고 있죠?

B: Xuân은 봄을, Hương은 향기를 뜻해요.

참고

[1] 1919 (몯 응인 찐 짬 므어이 찐)

정답

1. phải, không
2. tham quan
3. gì, mùa xuân

랜드마크
무이네

무이네
(Mũi Né)
32 무이네 사막
33 요정의 계곡

32 무이네 사막(Sa mạc Mũi Né)

오늘 배울 표현은 **A와 B 모두**

무이네 사막은 바람으로 형성된 모래 언덕으로, 사막 바로 앞에서 해변을 볼 수 있다. 무이네 사막은 화이트 샌드듄과 레드 샌드듄 두 군데가 있으며, 화이트 샌드 듄이 규모가 더 큰 편이다. 사막 투어를 이용하면 지프니 차로 두 군데 모두 가볼 수 있으며 일출 투어(새벽 4시 출발)와 일몰 투어(오후 2시 출발) 두 종류가 있다.

4륜 오토바이로 돌아다니며 구경할 수 있고, 사막 정상에서는 모래 썰매를 타는 액티비티 또한 즐길 수 있다.

▶ 레드 샌드듄 (Đồi Hồng) :
706B, Mũi Né, Phan Thiết, Bình Thuận, Việt Nam

▶ 화이트 샌드듄 (Đồi cát bàu trắng)
thôn Hồng Lâm, Hòa Thắng, Bắc Bình, Bình Thuận, Việt Nam

미리보기

이번 랜드마크에서는 어떤 대화를 하는지 먼저 살펴볼까요?

원어민의 음성을 들어보세요.

Vietnam_32.mp3

1

A: Ở Mũi Né có sa mạc không?

B: Có đồi cát giống như sa mạc. Anh thử đi cả đồi cát màu trắng và đồi cát màu đỏ.

2

A: Đồi cát Mũi Né như thế nào?

B: Đồi cát Mũi Né không rộng lắm nhưng cảnh rất đẹp.

3

A: Trong tour đồi cát, có những hoạt động gì?

B: Bạn có thể chơi trượt cát. Và còn có thể ngắm cảnh mặt trời mọc hoặc mặt trời lặn.

1

A: 무이네에도 사막이 있나요?

B: 사막과 비슷한 모래언덕이 있어요. 화이트 샌듄과 레드 샌듄 두 군데 모두 가보세요.

2

A: 무이네 모래언덕은 어때요?

B: 그렇게 넓지는 않지만 풍경이 무척 예뻐요.

3

A: 모래언덕 투어에는 무슨 활동들이 있나요?

B: 모래썰매를 탈 수 있고요. 일출이나 일몰 풍경도 구경할 수 있어요.

준비하기

오늘의 주요 단어입니다.
학습을 시작하기 전에
단어부터 살펴보아요.

- sa mạc 사막
  싸 막
- đồi cát 모래언덕
  도이 깓
- màu trắng 하얀색
  마우 짱
- hoạt động 활동
  호앋 돔
- mặt trời mọc 일출
  맏 쩌이 먹
- rất 매우
  젇
- dạo này 요즘
  쟈오 나이
- giống như ~와 닮은
  죵 니으
- cả A và B A와 B 모두
  까 A 봐 B
- màu đỏ 빨간색
  마우 도
- trượt 미끄러지다
  쯔얻
- mặt trời lặn 일몰
  맏 쩌이 란
- đũa 젓가락
  두어
- sao 별
  싸오

이정도 한마디는
랜드마크에서 꼭 해보아요.
패턴으로 완벽 암기하세요.

cả A và B A와 B 모두

- Cả anh ấy và tôi đều về nước vào cuối tuần này.
  까 아잉 어이 봐 또이 데우 베 느억 봐오 꾸오이 뚜언 나이
  그와 저는 모두 이번 주말에 귀국해요.
- Cả Mũi Né và Vũng Tàu đều gần thành phố Hồ Chí Minh.
  까 무이 내 봐 붕 따우 데우 건 타잉 포 호 찌 밍
  무이네와 붕따우는 모두 호찌밍에서 가까워요.
- Dạo này cả Hà Nội và TP. Hồ Chí Minh đều nóng lắm.
  쟈오 나이 까 하 노이 봐 타잉 포 호 찌 밍 데우 놈 람
  요즘 하노이와 호찌밍 모두 더워요.
- Cả người Hàn Quốc và người Việt Nam đều dùng đũa.
  까 응어이 한 꾸옥 봐 응어이 비엗 남 데우 쥼 두어
  한국 사람과 베트남 사람은 모두 젓가락을 사용해요.
- Cả khách sạn Rex và khách sạn International đều là khách sạn 5 sao.
  까 카익 싼 Rex 봐 카익 싼 International 데우 라 카익 싼 남 싸오
  렉스호텔과 인터내셔널 호텔은 모두 5성급 호텔이에요.

일지쓰기 

랜드마크에서 대화한 내용을 떠올리며 빈칸을 채워보세요.

1

A: Ở Mũi Né có sa mạc không?

B: Có đồi cát giống như sa mạc. Anh thử đi __________ đồi cát màu trắng __________ đồi cát màu đổ.

A: 무이네에도 사막이 있나요?

B: 사막과 비슷한 모래언덕이 있어요. 화이트 샌듄과 레드 샌듄 두 군데 모두 가보세요.

2

A: Đồi cát Mũi Né như __________?

B: Đồi cát Mũi Né không rộng lắm nhưng cảnh rất đẹp.

A: 무이네 모래언덕은 어때요?

B: 그렇게 넓지는 않지만 풍경이 무척 예뻐요.

3

A: Trong tour đồi cát, có những __________ gì?

B: Bạn có thể chơi trượt cát. Và còn có thể ngắm cảnh mặt trời mọc hoặc mặt trời lặn.

A: 모래언덕 투어에는 무슨 활동들이 있나요?

B: 모래썰매를 탈 수 있고요. 일출이나 일몰 풍경도 구경할 수 있어요.

정답

1 cả, và

2 thế nào

3 hoạt động

기억하기

다음 빈칸에 들어갈 내용을 떠올리며
앞서 다녀온 랜드마크를 다시 기억해보세요.

29

랑비앙 산(Khu du lịch Langbiang)

주어 thấy ~ ~라고 느껴요

- Tôi ______ món này phù hợp với khẩu vị của tôi.
  저는 이 음식이 제 입맛에 맞는 것 같아요.
- Tôi thấy điểm này rất ______.
  저는 이 곳이 매우 매력적인 것 같아요.
- Tôi thấy món này hơi mặn.
  저는 이 음식이 조금 짠 것 같아요.
- Tôi thấy lịch trình ngày mai sẽ ______ hơn.
  저는 내일 일정이 더 재밌을 것 같아요.
- Tôi thấy đi xe lửa sẽ tiện hơn.
  저는 기차로 가는 게 더 편할 것 같아요.

정답

» thấy
» hấp dẫn
» thú vị

30

다랏(Đà Lạt)

A 형용사 bằng/như B A는 B만큼/처럼 ~해요

- ______ đẹp như bức tranh.
  경치가 그림처럼 예뻐요.
- Món này ngon như nhà nấu.
  이 음식은 집 밥처럼 맛있어요.
- Phòng đó rộng ______ phòng này.
  그 방은 이 방만큼 넓어요.
- Nhiệt độ hôm nay cao bằng hôm qua.
  오늘의 온도는 어제만큼 높아요.
- Núi này ______ bằng núi Han-La.
  이 산은 한라산만큼 높아요.

정답

» Phong cảnh
» bằng
» cao

31

쑤언 흐엉 호수(Hồ Xuân Hương)

주어 có phải là 명사 không? 주어는~입니까?

- Đây ______ nhà hàng Hàn Quốc ______?
  여기가 한국 식당인가요?
- Cái này có phải là hàng ______ không?
  이거 진품인가요?
- Chị có phải là nhân viên tiếp tân ở khách sạn này không?
  당신(여)이 이 호텔의 리셉션 직원인가요?
- Đó có phải là ______ không?
  그것이 더블룸인가요?
- Cà phê này có phải là cà phê con sóc không?
  이 커피가 다람쥐 커피인가요?

정답

» có phải là
» không
» thật
» phòng đôi

32

무이네 사막(Sa mạc Mũi Né)

cả A và B A와 B 모두

- ______ anh ấy ______ tôi đều về nước vào cuối tuần này. 그와 저는 모두 이번 주말에 귀국해요.
- Cả Mũi Né và Vũng Tàu đều ______ thành phố Hồ Chí Minh. 무이네와 붕따우는 모두 호찌밍에서 가까워요.
- Dạo này cả Hà Nội và TP. Hồ Chí Minh đều ______ lắm. 요즘 하노이와 호찌밍 모두 더워요.
- Cả người Hàn Quốc và người Việt Nam đều dùng đũa.
  한국 사람과 베트남 사람은 모두 젓가락을 사용해요.
- Cả khách sạn Rex và khách sạn International đều là khách sạn 5 sao. 렉스호텔과 인터내셔널 호텔은 모두 5성급 호텔이에요.

정답

» Cả
» và
» gần
» nóng

33 요정의 계곡(Suối tiên Mũi Né)

오늘 배울 표현은 **~에 ...한 무언가가 있나요?**

동양의 그랜드 캐년이라 불리는 요정의 샘은 무이네 해변 중간쯤에 있는 다리에서 작은 계곡을 따라 올라가면 나타나는 곳이다. 하천이 만들어 놓은 아기자기한 지형을 만날 수 있으며 숲 속에 흐르는 물길을 맨발로 걸으며 자연경관을 즐길 수 있다.

요정의 샘에서 계곡을 따라 안쪽으로 800m쯤 계속 올라가면 다양하고 특이한 모양의 암반을 볼 수 있다. 이는 붉은색 황토층 혹은 석회암 풍화토인 테라로사이며 그 아래에는 석회암 기반암들이 놓여 있다. 요정의 샘을 끝까지 걸어갔다 오는 데는 1시간~1시간 30분이 걸린다.

▶ 주소 : 12 Huỳnh Thúc Kháng, Phường Hàm Tiến, Thành phố Phan Thiết, Bình Thuận, Việt Nam

미리보기

이번 랜드마크에서는 어떤 대화를 하는지 먼저 살펴볼까요?

원어민의 음성을 들어보세요.

Vietnam_33.mp3

1

A: Khi vào Suối Tiên, tôi cần bỏ giày không?

B: Có. Du khách thường đi chân không.

2

A: Phong cảnh Suối Tiên có gì đặc biệt không?

B: Ở đó có nhiều cây cối xanh và tảng đá lớn.

3

A: Nhìn quanh toàn cảnh sẽ mất bao lâu?

B: Ít nhất mất khoảng 1 tiếng. Anh nên ngắm từ từ đi.

1

A: 계곡에 들어갈 때 신발을 벗어야 하나요?

B: 네. 여행객들은 보통 맨발로 다녀요.

2

A: 계곡 풍경엔 무언가 특별한 게 있나요?

B: 그곳에는 열대야와 큰 바위들이 많아요.

3

A: 풍경을 모두 보는데 얼마나 오래 걸려요?

B: 최소 대략 한 시간은 걸려요. 천천히 둘러보세요.

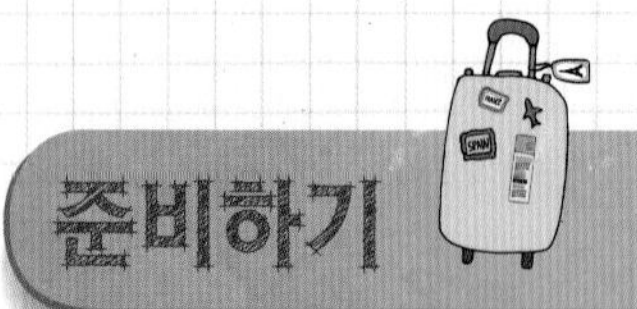

오늘의 주요 단어입니다.
학습을 시작하기 전에
단어부터 살펴보아요.

- **suối tiên** 계곡 (쑤오이 띠엔)
- **bỏ** 버리다, (신발) 벗다 (버)
- **chân không** 맨발 (쩐 콤)
- **cây cối xanh** 야자수 (꺼이 꼬이 싸잉)
- **tảng đá** 바위 (땅 다)
- **toàn** 전부 (또안)
- **ít nhất** 최소한 (읻 녇)
- **giày** 신발 (쟈이)
- **thường** 보통 (트엉)
- **bao lâu** 얼마나 오래 (바오 러우)
- **cảnh** 풍경 (까잉)
- **quanh** 주위의 (꽈잉)
- **nên** ~하는 편이 좋겠다 (넨)
- **từ từ** 천천히 (뜨 뜨)

이정도 한마디는
랜드마크에서 꼭 해보아요.
패턴으로 완벽 암기하세요.

주어 có gì ~ không?

~에 ...한 무언가가 있나요?

- **Nhà hàng này có gì uống không?**
  냐 항 나이 꺼 지 우옹 콤
  이 식당에 뭐 마실 게 있나요?

- **Chương trình hôm nay có gì đặc biệt không?**
  쯔엉 찡 홈 나이 꺼 지 닥 비엔 콤
  오늘 프로그램엔 뭐 특별한 게 있나요?

- **Điểm này có gì đặc biệt không?**
  디엠 나이 꺼 지 닥 비엔 콤
  이 장소엔 뭐 특별한 게 있나요?

- **Thành phố này có gì tham quan không?**
  타잉 포 나이 꺼 지 탐 꽌 콤
  이 도시엔 뭐 구경할 만한 게 있나요?

- **Chợ đêm có gì mua không?**
  쩌 뎀 꺼 지 무어 콤
  야시장엔 뭐 살게 있나요?

일지쓰기

랜드마크에서 대화한 내용을 떠올리며 빈칸을 채워보세요.

1

A: Khi vào Suối Tiên, tôi __________ bỏ giày không?
기 봐오 쑤오이 띠엔 또이 껀 버 자이 콩

B: Có. Du khách thường đi chân không.
꺼 쥬 카익 트엉 디 쩐 콩

A: 계곡에 들어갈 때 신발을 벗어야 하나요?

B: 네. 여행객들은 보통 맨발로 다녀요.

2

A: Phong cảnh Suối Tiên có gì __________ không?
퐁 까잉 쑤오이 띠엔 꺼 지 닥 비엣 콩

B: Ở đó có nhiều cây cối xanh và tảng đá lớn.
어 디 꺼 니에우 꺼이 꼬이 싸잉 봐 땅 다 런

A: 계곡 풍경엔 무언가 특별한 게 있나요?

B: 그곳에는 열대야와 큰 바위들이 많아요.

3

A: Nhìn quanh toàn cảnh sẽ mất bao lâu?
닌 꽈잉 또안 까잉 쎄 먼 바오 러우

B: Ít nhất mất khoảng 1 tiếng. Anh __________ ngắm từ từ đi.
잍 넏 먿 쾅 몯 띠엥 아잉 넨 응암 뜨 뜨 디

A: 풍경을 모두 보는데 얼마나 오래 걸려요?

B: 최소 대략 한 시간은 걸려요. 천천히 둘러보세요.

정답

1 cần
2 đặc biệt
3 nên

랜드마크 베트남 여행

호찌민

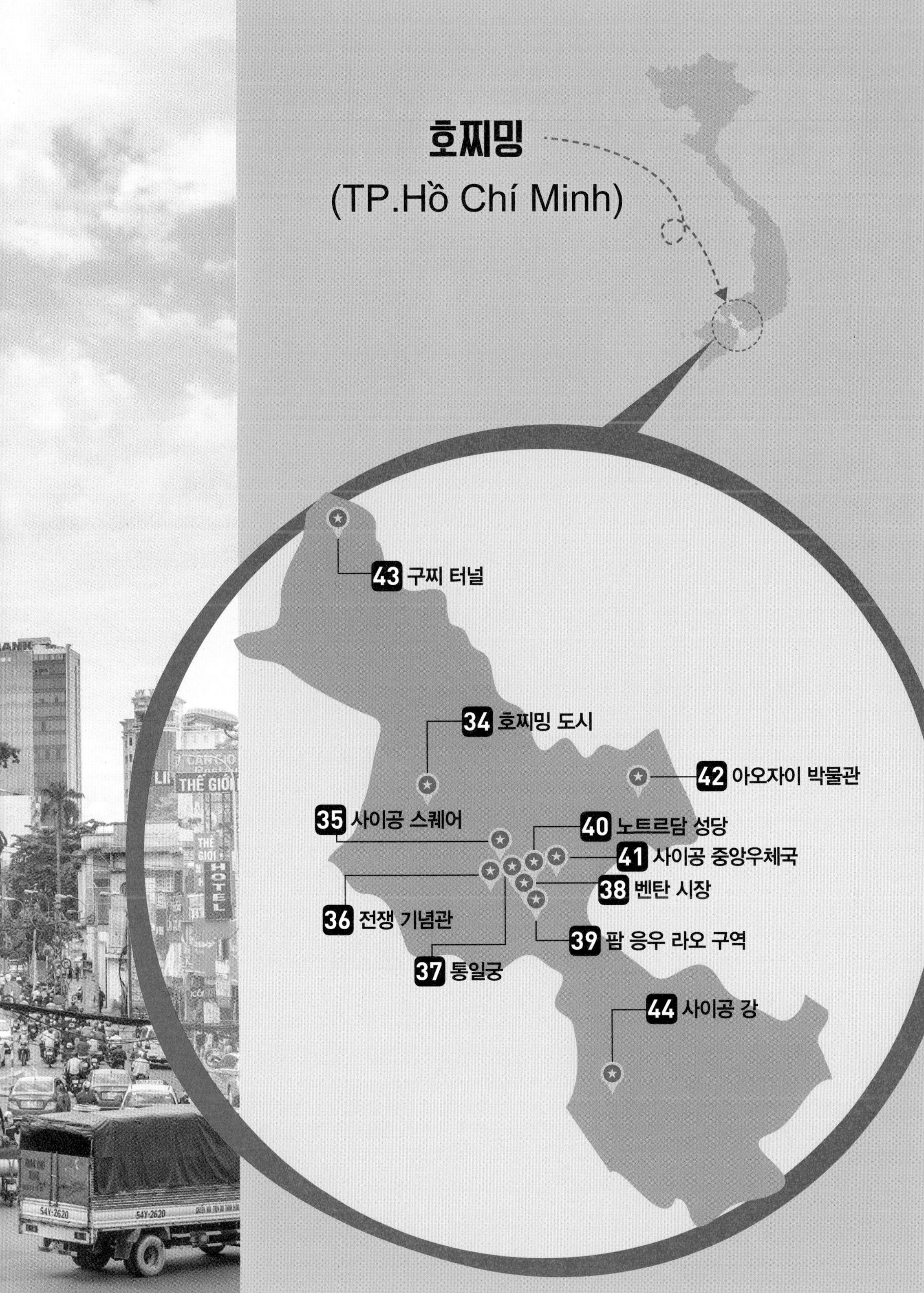

호찌밍
(TP.Hồ Chí Minh)
43 구찌 터널
34 호찌밍 도시
42 아오자이 박물관
35 사이공 스퀘어
40 노트르담 성당
41 사이공 중앙우체국
38 벤탄 시장
36 전쟁 기념관
39 팜 응우 라오 구역
37 통일궁
44 사이공 강

34 호찌밍 도시(Thành phố Hồ Chí Minh)

오늘 배울 표현은 **어디에 ~가 있나요?**

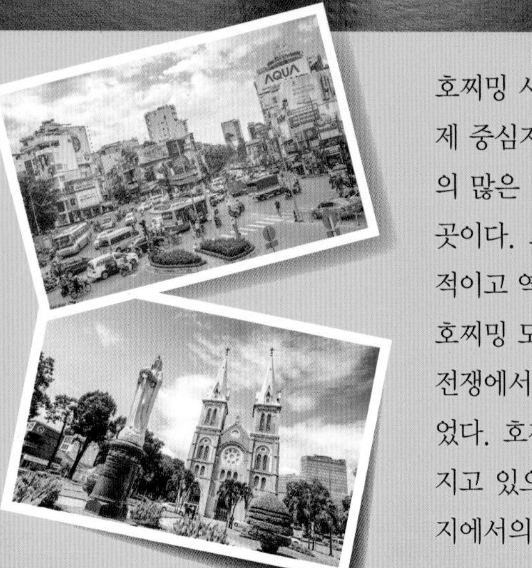

호찌밍 시는 베트남 남부를 대표하는 도시이자, 베트남의 경제 중심지이다. 동양의 파리라 불릴 만큼, 프랑스 건축 양식의 많은 건물과 함께 특유의 아름다운 풍치를 느낄 수 있는 곳이다. 고요하고 낭만적인 하노이의 분위기와는 달리 개방적이고 역동적인 분위기를 느낄 수 있다.

호찌밍 도시의 옛 이름은 사이곤(Sài Gòn)이었으나 미국과의 전쟁에서 승리한 직후 인 1975년 호찌밍으로 그 명칭이 바뀌었다. 호찌밍은 과거와 현재, 동양과 서양의 모습을 모두 가지고 있으며, 특히 사이공강에서의 크루즈 또는 스카이라운지에서의 야경은 호찌밍 시의 매력을 느끼기에 충분하다.

이번 랜드마크에서는 어떤 대화를 하는지 먼저 살펴볼까요?

원어민의 음성을 들어보세요.

Vietnam_34.mp3

1

A: Tôi thấy bầu không khí TP. Hồ Chí Minh sôi động hơn Hà Nội.

B: Đúng rồi. TP. Hồ Chí Minh là trung tâm kinh tế của Việt Nam.

2

A: Thời tiết ở TP. Hồ Chí Minh thế nào?

B: Vì TP. Hồ Chí Minh nằm ở miền Nam nên có 2 mùa: mùa mưa và mùa nắng.

3

A: Trung tâm của thành phố Hồ Chí Minh ở đâu?

B: Có thể nói là quận 1 là trung tâm của TP. Hồ Chí Minh.

1

A: 제가 느끼기에 호찌밍 도시의 분위기가 하노이보다 활발한 것 같아요.

B: 맞아요. 호찌밍은 베트남의 경제 중심이에요.

2

A: 호찌밍 도시의 날씨는 어때요?

B: 호찌밍 도시는 남쪽 지역에 위치해 있기 때문에 건기와 우기 두 계절이 있어요.

3

A: 호찌밍 도시의 중심가는 어디예요?

B: 1군이 호찌밍 도시의 중심가라고 말할 수 있어요.

준비하기

오늘의 주요 단어입니다.
학습을 시작하기 전에
단어부터 살펴보아요.

- **thấy** 느끼다
  터이
- **sôi động** 활발한
  소이 돔
- **kinh tế** 경제
  낑 떼
- **miền Nam** 남쪽 지역
  미엔 남
- **mùa mưa** 우기
  무어 므어
- **bệnh viện** 병원
  베잉 뷔엔
- **mùa nắng** 건기
  무어 낭
- **không khí** 공기, 분위기
  콤 키
- **nên** 그래서
  넨
- **nhà** 집
  냐
- **quận** 군(행정단위)
  꾸언
- **nhà vệ sinh** 화장실
  냐 붸 씽
- **chiến tranh** 전쟁
  찌엔 짜잉
- **bảo tàng** 박물관
  바오 땅

이정도 한마디는
랜드마크에서 꼭 해보아요.
패턴으로 완벽 암기하세요.

주어 ở đâu? 어디에 ~가 있나요?

- **Bệnh viện FVI ở đâu?**
  베잉 뷔엔 FVI 어 더우
  FVI 병원은 어디에 있나요?

- **Hành lý của tôi ở đâu?**
  하잉 리 꾸어 또이 어 더우
  제 짐은 어디에 있나요?

- **Nhà bạn ở đâu?**
  냐 반 어 더우
  너의 집은 어디니?

- **Nhà vệ sinh ở đâu?**
  냐 붸 씽 어 더우
  화장실은 어디에 있나요?

- **Bảo tàng chiến tranh ở đâu?**
  바오 땅 찌엔 짜잉 어 더우
  전쟁 박물관은 어디에 있나요?

일지쓰기

랜드마크에서 대화한 내용을 떠올리며 빈칸을 채워보세요.

1

A: Tôi ________ bầu không khí TP. Hồ Chí Minh sôi
또이 터이 버우 콩 키 타잉포호 찌 밍 소이
động hơn Hà Nội.
돔 헌 하 노이

B: Đúng rồi. TP. Hồ Chí Minh là trung tâm kinh tế
둥 죠이 타잉포호 찌 밍 라 쭝 떰 낑 떼
của Việt Nam.
꾸어 비엔 남

A: 제가 느끼기에 호찌밍 도시의 분위기가 하노이보다 활발한 것 같아요.

B: 맞아요. 호찌밍은 베트남의 경제 중심이에요.

2

A: ________ ở TP. Hồ Chí Minh thế nào?
터이 띠엔 어 타잉포호 찌 밍 테 나오

B: Vì TP. Hồ Chí Minh nằm ở miền Nam nên có 2
뷔 타잉포호 찌 밍 남 어 미엔 남 넨 꺼 하이
________: mùa mưa và mùa nắng.
무어 무어 므어 봐 무어 낭

A: 호찌밍 도시의 날씨는 어때요?

B: 호찌밍 도시는 남쪽 지역에 위치해 있기 때문에 건기와 우기 두 계절이 있어요.

3

A: Trung tâm của thành phố Hồ Chí Minh ________?
쭘 떰 꾸어 타잉 포 호 찌 밍 어 더우

B: Có thể nói là quận 1 là trung tâm của TP. Hồ Chí
꺼 테 너이 라 꿘 몯 라 쭘 떰 꾸어 타잉포호 찌
Minh.
밍

A: 호찌밍 도시의 중심가는 어디예요?

B: 1군이 호찌밍 도시의 중심가라고 말할 수 있어요.

정답

1 thấy
2 Thời tiết, mùa
3 ở đâu

35 사이공 스퀘어(Sài Gòn Square)

오늘 배울 표현은 **~하세요/ ~해요**

사이공 스퀘어는 호찌밍의 대표적인 쇼핑센터로, 시내 중심에만 3곳이 있다. 관광객들 뿐만 아니라 현지인들도 즐겨 찾는 쇼핑센터로 베트남에서 생산되는 여러 가지 브랜드 상품과 보세 상품을 만날 수 있다. 다양한 상품을 쇼핑할 수 있으며, 대부분의 매장들이 정가로 판매하지 않으므로 처음 들른 곳에서 사기보다는 여러 매장을 둘러보며 흥정해 보는 것이 좋다. 판매자가 부르는 가격에서 50% 정도까지 내린 다음 점차 올리는 방식으로 흥정을 하는 것도 한 방법이다.

▶ 주소

Sài Gòn Square 1 : 81 Nam Kỳ Khởi Nghĩa Quận 1, Việt Nam
Sài Gòn Square 2 : 7-9, Tôn Đức Thắng, Quận 1, Việt Nam
Sài Gòn Square 3 : 181 Hai Bà Trưng, Quận 3, Việt Nam

▶ 운영시간 10:00~21:00

미리보기

이번 랜드마크에서는 어떤 대화를 하는지 먼저 살펴볼까요?

원어민의 음성을 들어보세요.

Vietnam_35.mp3

1

A: Nếu muốn mua sắm với giá rẻ thì tôi nên đi đâu?

B: Hãy đi thử Sài Gòn Square đi! Ở TP. Hồ Chí Minh có tất cả 3 trung tâm.

2

A: Ở Sài Gòn Square có nhiều mặt hàng không?

B: Phong phú lắm. Từ hàng bình dân đến hàng hiệu nổi tiếng.

3

A: Sài Gòn Square nằm ở đường nào?

B: Nó nằm trên các đường Nam Kỳ Khởi Nghĩa, Tôn Đức Thắng và Hai Bà Trưng.

1

A: 저렴한 가격에 쇼핑을 하고 싶으면 어디를 가야 할까요?

B: 사이공 스퀘어에 가보세요. 현재 호찌밍에 3개의 센터나 있어요.

2

A: 사이공 스퀘어에는 물건이 많이 있나요?

B: 저렴한 상품부터 유명한 브랜드 상품까지 무척 많아요.

3

A: 사이공 스퀘어는 어느 길에 위치해있나요?

B: Nam Ky Khoi Nghia와 Ton Duc Thang 그리고 Hai Ba Trung 길에 위치해 있어요.

준비하기

오늘의 주요 단어입니다.
학습을 시작하기 전에
단어부터 살펴보아요.

- **tất cả** 모두 (떳 까)
- **hiện nay** 현재 (히엔 나이)
- **phong phú** 풍부한 (퐁 푸)
- **mặt hàng** 물건 (맏 항)
- **hàng hiệu** 브랜드 상품 (항 히에우)
- **bình dân** 저렴한 (빈 전)
- **phù hợp** 부합한 (푸 헙)
- **giá cả** 가격 (자 까)
- **mỗi ngày** 매일 (모이 응아이)
- **nằm** ~에 위치해 있다 (남)
- **mặc** 입다 (막)
- **trưa** 점심 (쯔어)
- **gọi** 부르다 (거이)
- **giữ xe** 주차하다 (즈으 쎄)

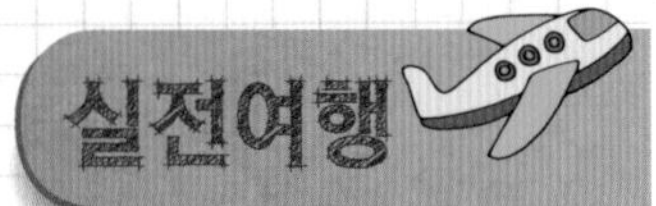

이정도 한마디는
랜드마크에서 꼭 해보아요.
패턴으로 완벽 암기하세요.

(주어) hãy ~ đi/nhé ~하세요/ ~해요

- **Chúng ta hãy đi ăn trưa đi.**
  쭝 따 하이 디 안 쯔어 디
  우리 점심 먹으러 가자.

- **Em hãy mặc thử đi.**
  앰 하이 막 트 디
  이것 좀 입어보렴.

- **Chúng ta hãy đi đường này nhé.**
  쭝 따 하이 디 드엉 나이 네
  우리 이 길로 가요.

- **Hãy giữ xe ở đây nhé.**
  하이 즈 쌔 어 더이 네
  여기에 주차하세요.

- **Chúng ta hãy gọi tắc xi đi.**
  쭝 따 하이 거이 따 씨 디
  우리 택시를 부르자.

일지쓰기

랜드마크에서 대화한 내용을 떠올리며 빈칸을 채워보세요.

1

A: Nếu muốn mua sắm với giá rẻ thì tôi nên đi đâu?
네우 무온 무어 쌈 붜이 쟈 재 티 또이 넨 디 더우

B: ________ đi thử Sài Gòn Square ________! Ở TP.
하이 디 트 사이 곤 스퀘어 디 이 타잉 포

Hồ Chí Minh có tất cả 3 trung tâm.
호 찌 밍 꺼 떳 까 바 쭝 떰

A: 저렴한 가격에 쇼핑을 하고 싶으면 어디를 가야 할까요?

B: 사이공 스퀘어에 가보세요. 현재 호찌밍에 3개의 센터나 있어요.

2

A: Ở Sài Gòn Square có nhiều ________ không?
이 싸이 곤 스퀘어 끼 니에우 맛 항 콤

B: Phong phú lắm. Từ hàng bình dân đến hàng
퐁 푸 람 뜨 항 빙 전 덴 항

hiệu nổi tiếng.
히에우 노이 띠엥

A: 사이공 스퀘어에는 물건이 많이 있나요?

B: 저렴한 상품부터 유명한 브랜드 상품까지 무척 많아요.

3

A: Sài Gòn Square nằm ở ________ nào?
싸이 곤 스퀘어 남 이 드엉 나오

B: Nó nằm ________ các đường Nam Kỳ Khởi Nghĩa,
너 남 쩬 깍 드엉 남 끼 커이 응이어

Tôn Đức Thắng và Hai Bà Trưng.
똔 득 탕 봐 하이 바 쯩

A: 사이공 스퀘어는 어느 길에 위치해있나요?

B: Nam Ky Khoi Nghia와 Ton Duc Thang 그리고 Hai Ba Trung 길에 위치해 있어요.

정답

1 Hãy, đi
2 mặt hàng
3 đường, trên

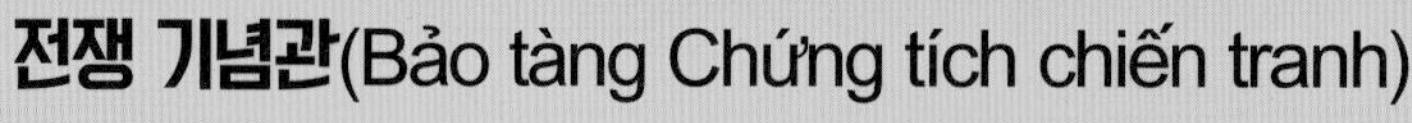

36 전쟁 기념관(Bảo tàng Chứng tích chiến tranh)

오늘 배울 표현은 **(A부터 B까지)을 이용한 표현**

호찌밍 시내 중심부에 위치하며, 베트남 전쟁 당시의 전쟁범죄를 고발하고, 전쟁에 대한 경각심을 일깨워 줄 목적으로 설립되었다. 외국인이 찾는 인기 박물관 중 하나로 베트남 전쟁 당시 미군의 잔혹한 행위를 중심으로 전시되어 있다.

박물관은 7개의 테마로 나누어져 있으며, 전쟁에 사용됐던 탱크, 전투기, 미사일뿐만 아니라 미국이 사용한 고엽제 등으로 태어난 기형아들의 사체, 무고한 희생자들의 사진 등 전쟁 당시 상황을 생생히 볼 수 있다.

개관시간은 오전 8시부터 저녁 6시까지이며, 점심시간인 12시부터 1시까지는 개방을 하지 않는다.

▶ 주소 : 28 Võ Văn Tần Phường 6 Quận 3, Ho Chi Minh City, Việt Nam

미리보기

이번 랜드마크에서는 어떤 대화를 하는지 먼저 살펴볼까요?

원어민의 음성을 들어보세요.

Vietnam_36.mp3

1

A: Trong bảo tàng chứng tích chiến tranh được trưng bày những gì?

B: Ở đây có một số hiện vật, hình ảnh trong chiến tranh Việt Nam.

2

A: Giờ mở cửa bảo tàng chứng tích chiến tranh thế nào?

B: Từ 7 giờ rưỡi sáng đến 6 giờ tối, nhưng từ 12 giờ đến 1 giờ rưỡi là giờ nghỉ trưa.

3

A: Từ quận 1 đến bảo tàng chứng tích chiến tranh mất bao lâu?

B: Nếu đi bằng tắc xi thì sẽ mất khoảng 10 phút.

1

A: 전쟁 기념관에는 어떤 것들이 전시되어 있나요?

B: 여기에는 베트남 전쟁 중에 있었던 사진과 전시물이 있어요.

2

A: 전쟁 기념관의 입장 시간은 어떻게 되죠?

B: 아침 7시 반부터 저녁 6시까지예요. 하지만 12시부터 1시 반까지는 점심 쉬는 시간이에요.

3

A: 1군에서 전쟁 기념관까지는 얼마나 걸리나요?

B: 만약 택시를 이용하면 대략 10분 정도 걸려요.

오늘의 주요 단어입니다.
학습을 시작하기 전에
단어부터 살펴보아요.

- một số 몇몇 (몯 쏘)
- hình ảnh 사진 (힝 아잉)
- giờ nghỉ trưa 점심시간 (저 응이 쯔어)
- phút 분 (푿)
- bằng ~로(써) (방)
- có thể ~할 수 있다 (꺼 테)
- ngày 일 (응아이)
- chứng tích 증거물 (쯩 띡)
- trưng bày 전시하다 (쯩 바이)
- hiện vật 현물 (히엔 벋)
- giờ 시 (저)
- rưỡi 반, 절반 (즈어이)
- đêm 밤 (뎀)
- xe tăng 탱크 (쎄 땅)

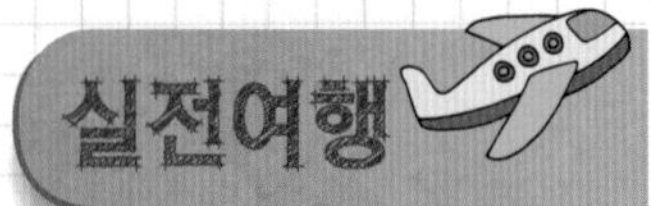

이정도 한마디는
랜드마크에서 꼭 해보아요.
패턴으로 완벽 암기하세요.

từ A đến B (A부터 B까지)을 이용한 표현

- Từ đây đến đó đi bộ rất xa.
  뜨 더이 덴 더 디 보 젇 싸
  여기에서 거기까지 걸어가기엔 매우 멀어요.
- Tiệm cà phê này mở cửa từ [1]8 giờ sáng đến [2]10 giờ đêm.
  띠엠 까 페 나이 머 끄어 뜨 저 쌍 덴 저 뎀
  이 커피숍은 아침 8시부터 밤 10시까지 열어요.
- Từ TP. Hồ Chí Minh đến Hà Nội mất [3]2 tiếng bằng máy bay.
  뜨 타잉포 호 찌 밍 덴 하 노이 먿 띠엥 방 마이 바이
  호찌밍에서 하노이까지는 비행기로 2시간이 걸려요.
- Anh ở khách sạn này từ ngày nào đến ngày nào?
  아잉 어 카익 산 나이 뜨 응아이 나오 덴 응아이 나오
  당신(남)은 이 호텔에서 며칠부터 며칠까지 머무르시나요?
- Tôi vòng vòng thành phố từ sáng đến tối.
  또이 벙 벙 타잉 포 뜨 쌍 덴 또이
  저는 아침부터 저녁까지 도시를 돌아다녔어요.

참고

1 8 (땀)
2 10 (므어이)
3 2 (하이)

일지쓰기

랜드마크에서 대화한 내용을 떠올리며 빈칸을 채워보세요.

1

A: ________ bảo tàng chứng tích chiến tranh được
쯘 바오 땅 쯩 띡 찌엔 짜잉 드억
trưng bày những gì?
쯩 바이 늬응 지

B: Ở đây có một số hiện vật, hình ảnh trong chiến
어 디이 꺼 몯 쏘 히엔 벋 힝 아잉 쫀 찌엔
tranh Việt Nam.
짜잉 비엔 남

A: 전쟁 기념관에는 어떤 것들이 전시되어 있나요?

B: 여기에는 베트남 전쟁 중에 있었던 사진과 전시물이 있어요.

2

A: Giờ mở cửa bảo tàng chứng tích chiến tranh thế
저 머 끄어 바오 땅 쯩 띡 찌엔 짜잉 테
nào?
나오

B: ________ [1]7 giờ rưỡi sáng ________ [2]6 giờ tối,
뜨 저 . 즈어이 쌍 덴 저 . 또이
nhưng từ [3]12 giờ đến 1 giờ rưỡi là giờ nghỉ trưa.
늬응 뜨 저 덴 몯 저 즈어이 라 저 응이 쯔어

A: 전쟁 기념관의 입장 시간은 어떻게 되죠?

B: 아침 7시 반부터 저녁 6시까지예요, 하지만 12시부터 1시 반까지는 점심 쉬는 시간이에요.

3

A: Từ quận 1 đến bảo tàng chứng tích chiến tranh
뜨 꿘 몯 덴 바오 땅 쯩 띡 찌엔 짜잉
mất ________?
먿 바오 려우

B: Nếu đi bằng tắc xi thì sẽ mất khoảng [4]10 phút.
네우 디 방 딱 씨 티 쎄 먿 쾅 푿

A: 1군에서 전쟁 기념관까지는 얼마나 걸리나요?

B: 만약 택시를 이용하면 대략 10분 정도 걸려요.

참고

1 7 (바이)
2 6 (싸우)
3 12 (므어이 하이)
4 10 (므어이)

정답

1 Trong
2 Tứ, đến
3 bao lâu

기억하기

다음 빈칸에 들어갈 내용을 떠올리며
앞서 다녀온 랜드마크를 다시 기억해보세요.

33 요정의 계곡(Suối tiên Mũi Né)

주어 có gì ~ không? ~에 ...한 무언가가 있나요?

- Nhà hàng này có gì uống không?
  이 식당에 뭐 마실 게 있나요?
- _______ hôm nay có gì đặc biệt không?
  오늘 프로그램엔 뭐 특별한 게 있나요?
- Điểm này _______ đặc biệt _______?
  이 장소엔 뭐 특별한 게 있나요?
- _______ này có gì tham quan không?
  이 도시엔 뭐 구경할 만한 게 있나요?
- Chợ đêm có gì mua không?
  야시장엔 뭐 살게 있나요?

정답

» Chương trình
» có gì
» không
» Thành phố

34 호찌밍 도시(Thành phố Hồ Chí Minh)

주어 ở đâu? 어디에 ~가 있나요?

- _______ FVI ở đâu?
  FVI병원은 어디에 있나요?
- Hành lý của tôi ở đâu?
  제 짐은 어디에 있나요?
- Nhà bạn _______?
  너의 집은 어디니?
- Nhà vệ sinh ở đâu?
  화장실은 어디에 있나요?
- _______ chiến tranh ở đâu?
  전쟁 박물관은 어디에 있나요?

정답

» Bệnh viện
» ở đâu
» Bảo tàng

35 사이공 스퀘어(Sài Gòn Square)

(주어) hãy ~ đi/nhé ~하세요/ ~해요

- Chúng ta _______ ăn trưa đi.
  우리 점심 먹으러 가자.
- Em hãy _______ thử đi.
  이것 좀 입어보렴.
- Chúng ta hãy đi đường này nhé.
  우리 이 길로 가요.
- Hãy _______ ở đây nhé.
  여기에 주차하세요.
- Chúng ta hãy gọi tắc xi đi.
  우리 택시를 부르자.

정답

» hãy đi
» mặc
» giữ xe

36 전쟁 기념관(Bảo tàng Chứng tích chiến tranh)

từ A đến B (A부터 B까지)을 이용한 표현

- Từ đây đến đó _______ rất xa.
  여기에서 거기까지 걸어가기엔 매우 멀어요.
- Tiệm cà phê này mở cửa _______ 8 giờ sáng _______ 10 giờ đêm. 이 커피숍은 아침 8시부터 밤 10시까지 열어요.
- Từ TP. Hồ Chí Minh đến Hà Nội mất 2 tiếng bằng máy bay. 호찌밍에서 하노이까지는 비행기로 2시간이 걸려요.
- Anh ở khách sạn này từ ngày nào đến ngày nào?
  당신(남)은 이 호텔에서 며칠부터 며칠까지 머무르시나요?
- Tôi _______ thành phố từ sáng đến tối.
  저는 아침부터 저녁까지 도시를 돌아다녔어요.

정답

» đi bộ
» từ
» đến
» vòng vòng

37 통일궁(Dinh Độc Lập)

오늘 배울 표현은 **대상을 위해/대상에게 ~해요**

베트남 호찌민의 중심부에 있는 대통령궁으로 베트남 근 현대사를 상징하는 건물이다. 1868년 프랑스 식민지 정부가 인도차이나를 통치하기 위한 건물로 건축하였다. 1954년 제네바 협정 체결 후 베트남이 남북으로 분단되면서부터 대통령궁으로 사용되었는데, 당시에는 프랑스 식민통치에서 독립한 것을 기념해 독립궁으로 불렀다.

건물 1층은 회의와 귀빈을 접견하는 장소로, 2층은 국사를 논의하는 장소로 사용됐다. 3층의 경우 대통령 가족 도서관, 영부인 영접관이 들어서 있으며, 4층은 대통령과 고위 공직자들의 휴식공간이다. 지하에는 당시의 사령실, 암호 애독실, 통신실 등이 그대로 보존되어 있어 당시의 치열했던 전쟁상황을 느낄 수 있다.

▶ 주소 : 135 Nam Kỳ Khởi Nghĩa, Bến Thành, Quận 1, Hồ Chí Minh

▶ 운영시간 : 연중무휴, 오전 07:30~11:00, 오후 01:00~16:00

미리보기

이번 랜드마크에서는 어떤 대화를 하는지 먼저 살펴볼까요?

원어민의 음성을 들어보세요.

Vietnam_37.mp3

1

A : Giá vé vào cửa bao nhiêu tiền?

B : 40.000 đồng cho một người lớn.

2

A: Diện tích của Dinh Độc Lập như thế nào?

B: Dinh cao 26m còn diện tích sàn rộng khoảng 12 héc-ta.

3

A: Trong Dinh Độc Lập có bao nhiêu căn phòng?

B: Hơn 100 căn phòng khác nhau theo mục đích sử dụng.

1

A : 입장권 가격이 얼마죠?

B : 성인 1인당 40,000동이에요.

2

A: 통일궁의 면적은 어떤가요?

B: 궁의 높이는 26m이고, 면적은 12헥타르 정도입니다.

3

A: 통일궁에는 몇 개의 방이 있죠?

B: 사용 목적에 따라 100개가 넘는 서로 다른 방이 있어요.

오늘의 주요 단어입니다. 학습을 시작하기 전에 단어부터 살펴보아요.

- dinh 궁전, 왕궁 (징)
- cao 높은, ~높이인 (까오)
- rộng 넓은, ~너비인 (좀)
- căn phòng 방 (깐 퐁)
- mục đích 목적 (묵 딕)
- theo ~에 따라 (태오)
- sử dụng 사용하다 (쓰 즁)
- diện tích 면적 (지엔 띡)
- độc lập 독립 (돕 럽)
- sàn 마루, 정원 (싼)
- giấy hướng dẫn 안내서 (져이 흐엉 젼)
- tặng 선물하다 (땅)
- người ăn chay 채식주의자 (응어이 안 짜이)
- trẻ em 어린이 (째 앰)

이정도 한마디는 랜드마크에서 꼭 해보아요. 패턴으로 완벽 암기하세요.

주어 동사 cho 대상
대상을 위해/ 대상에게 ~해요

- Đây là giấy hướng dẫn cho người Hàn Quốc.
  더이 라 져이 흐엉 젼 쩌 응어이 한 꾸옥
  이건 한국사람들을 위한 안내서예요.
- Tôi muốn đặt phòng cho [1]2 người.
  또이 무온 닫 퐁 쩌 응어이
  저는 두 사람을 위한 방을 예약하고 싶네요.
- Tôi mua cái này để tặng cho bạn gái.
  또이 무어 까이 나이 데 땅 쩌 반 가이
  저는 여자 친구에게 선물하려고 이것을 샀어요.
- Ở gần đây có nhà hàng cho người ăn chay không?
  어 건 더이 꺼 냐 항 쩌 응어이 안 짜이 콤
  근처에 채식주의자를 위한 식당이 있나요?
- Ở đó có nhiều đồ chơi cho trẻ em.
  어 더 꺼 니에우 도 쩌이 쩌 째 앰
  그곳엔 어린이들을 위한 놀거리가 많아요.

참고

[1] 2 (하이)

일지쓰기

랜드마크에서 대화한 내용을 떠올리며 빈칸을 채워보세요.

1

A : Giá vé vào cửa ________?
자 붸 봐오 끄어 바오 니에우 띠엔

B : [1]40.000 đồng cho một người lớn.
돔 씨 몯 응어이 런

A : 입장권 가격이 얼마죠?

B : 성인 1인당 40,000동이에요.

2

A: Diện tích của Dinh Độc Lập như thế nào?
지엔 띡 꾸어 징 독 럽 니으 테 나오

B: Dinh ________ [2]26 m còn diện tích sàn ________
징 까오 껀 지엔 띡 싼 좀

khoảng [3]12 héc-ta.
광 핵 따

A: 통일궁의 면적은 어떤가요?

B: 궁의 높이는 26m이고, 면적은 12헥타르 정도입니다.

3

A: ________ Dinh Độc Lập có bao nhiêu căn phòng?
쫑 징 독 럽 꺼 바오 니에우 깐 퐁

B: Hơn 100 căn phòng khác nhau theo mục đích
헌 본짬 깐 퐁 칵 냐우 테오 묵 딕

sử dụng.
쓰 즁

A: 통일궁에는 몇 개의 방이 있죠?

B: 사용 목적에 따라 100개가 넘는 서로 다른 방이 있어요.

참고

[1] 40.000 (본 므어이 응인)
[2] 26 m (하이 므어이 싸우 멘)
[3] 12 (므어이 하이)

정답

[1] bao nhiêu tiền
[2] cao, rộng
[3] Trong

38

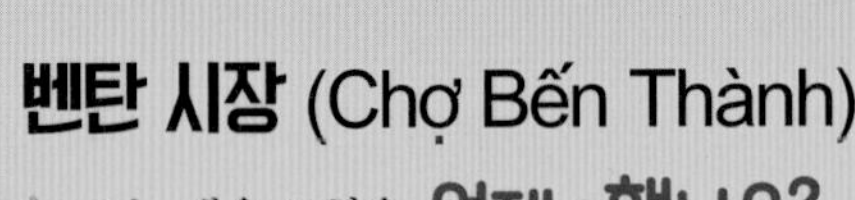

벤탄 시장 (Chợ Bến Thành)

오늘 배울 표현은 **언제 ~했나요?**

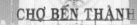

벤탄 시장은 호찌밍시의 에너지를 그대로 느낄 수 있는 장소로, 다양한 볼거리를 고루 갖추고 있어 단순한 시장 그 이상의 의미를 가진다.

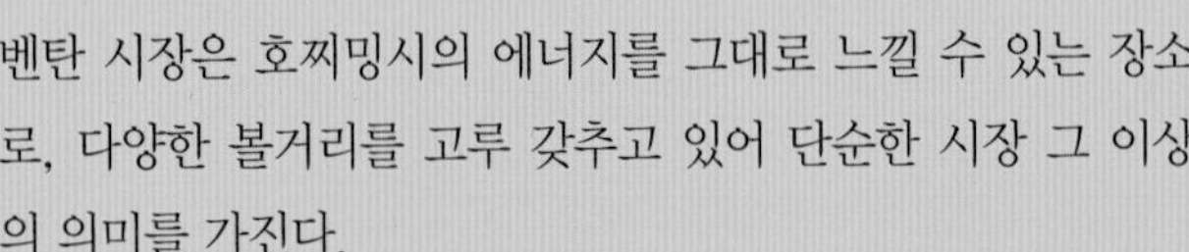

베트남의 전통 공예품부터 공산품, 식료품, 과일류까지 품목도 다양하게 있으며, 시장의 한쪽 공간은 베트남 전통음식부터 간단한 음료 등 각종 먹거리를 맛볼 수 있다.

낮에는 건물 안에서만 시장이 운영되지만, 평일, 주말 가리지 않고 매일 오후 6~7시가 되면 시장의 양편, 도로에 야시장이 열린다. 야시장에는 200여 품목이 넘는 상품이 진열되며, 길거리에는 다양한 안주와 함께 맥주를 즐기는 관광객들로 가득하다.

▶ 주소 : Lê Lợi Bến Thành Quận 1 Hồ Chí Minh, Việt Nam

미리보기

이번 랜드마크에서는 어떤 대화를 하는지 먼저 살펴볼까요?

원어민의 음성을 들어보세요.

Vietnam_38.mp3

1

A: Chợ Bến Thành được xây dựng khi nào?

B: Chợ Bến Thành đã có từ trước khi người Pháp xâm chiếm.

2

A: Chợ Bến Thành bán những thứ gì?

B: Trong chợ Bến Thành có nhiều cửa hàng đa dạng : từ thực phẩm đến quần áo.

3

A: Nghe nói, chợ Bến Thành nổi tiếng về chợ đêm, phải không?

B: Dạ, phải. Nhiều khách du lịch nước ngoài đến thưởng thức.

1

A: 벤탄 시장은 언제 지어졌죠?

B: 벤탄 시장은 프랑스가 침략하기 전부터 존재했어요.

2

A: 벤탄 시장에는 어떤 것들을 파나요?

B: 벤탄 시장 안에는 식품부터 옷까지 다양한 상점들이 많이 있어요.

3

A: 제가 듣기론, 벤탄 시장은 야시장이 유명하다고 들었어요. 맞나요?

B: 네, 맞아요. 많은 외국인들이 와서 즐겨요.

오늘의 주요 단어입니다.
학습을 시작하기 전에
단어부터 살펴보아요.

- biết 알다
  비엗
- cửa hàng 가게
  끄어 항
- thực phẩm 식품
  특 펌
- khách du lịch 여행객
  카익 쥬 릭
- thưởng thức 즐기다
  트엉 특
- vào 들어오다, 북 → 남으로 이동하다
  봐오
- xe máy 오토바이
  쌔 마이
- chính xác 정확한
  찌잉 싹
- trước khi ~하기 전에
  쯔억 키
- xâm chiếm 침략하다
  썸 찌엠
- thứ 종류, ~한 것
  트
- đa dạng 다양한
  다 쟝
- nước ngoài 외국
  느억 응오아이
- biến mất 사라지다
  비엔 먿

이정도 한마디는
랜드마크에서 꼭 해보아요.
패턴으로 완벽 암기하세요.

~khi nào? 언제 ~했나요?

- Bạn đến Việt Nam khi nào?
  반 덴 비엗 남 키 나오
  너는 베트남에 언제 왔니?

- Anh đặt phòng khi nào?
  아잉 닫 펑 키 나오
  당신(남)은 방을 언제 예약하셨죠?

- Chị thuê xe máy khi nào?
  찌 투에 쌔 마이 키 나오
  당신(여)은 오토바이를 언제 빌리셨나요?

- Em đi Hà Nội vào TP. Hồ Chí Minh khi nào?
  앰 디 하 노이 봐오 타잉 포 호 찌 밍 키 나오
  너는 하노이 갔다 호찌밍으로 언제 왔니?

- Nhà hàng này đã biến mất khi nào?
  냐 항 나이 다 비엔 먿 키 나오
  이 식당이 언제 없어졌죠?

일지쓰기

랜드마크에서 대화한 내용을 떠올리며 빈칸을 채워보세요.

1

A: Chợ Bến Thành được xây dựng ________?
씨 벤 타잉 드억 써이 증 기 나오

B: Chợ Bến Thành đã có từ trước khi người Pháp xâm chiếm.
씨 벤 타잉 다 꺼 뜨 쯔억 기 응어이 팝 썸 찌엠

A: 벤탄 시장은 언제 지어졌죠?

B: 벤탄 시장은 프랑스가 침략하기 전부터 존재했어요.

2

A: Chợ Bến Thành ________ những thứ gì?
씨 벤 타잉 반 녀응 트 지

B: Trong chợ Bến Thành có nhiều cửa hàng đa dạng : từ thực phẩm đến quần áo.
쫑 쩌 벤 타잉 꺼 니에우 끄어 항 다 쟝 뜨 특 펌 덴 꿘 아오

A: 벤탄 시장에는 어떤 것들을 파나요?

B: 벤탄 시장 안에는 식품부터 옷까지 다양한 상점들이 많이 있어요.

3

A: Nghe nói, chợ Bến Thành nổi tiếng về chợ đêm, ________?
응에 너이 쩌 벤 타잉 노이 띠엥 베 쩌 뎀 퐈이 콩

B: Dạ, phải. Nhiều khách du lịch nước ngoài đến thưởng thức.
쟈 퐈이 니에우 카익 주 릭 느억 응오아이 덴 트엉 특

A: 제가 듣기론, 벤탄 시장은 야시장이 유명하다고 들었어요. 맞나요?

B: 네, 맞아요. 많은 외국인들이 와서 즐겨요.

정답

1 khi nào
2 bán
3 phải không

39 팜 응우 라오 구역(Khu phố Phạm Ngũ Lão)

오늘 배울 표현은 **~하게 되었어요**

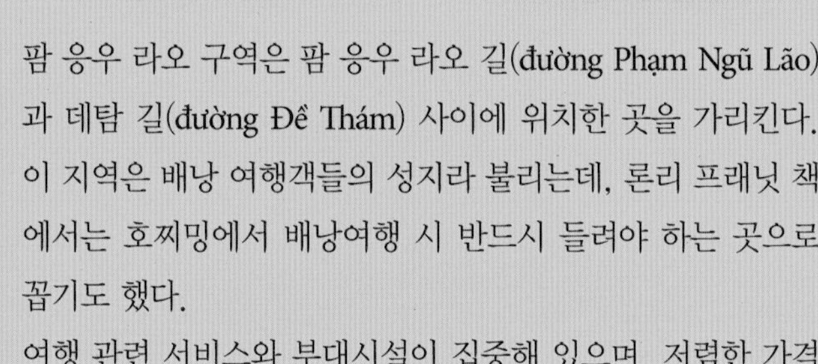

팜 응우 라오 구역은 팜 응우 라오 길(đường Phạm Ngũ Lão)과 데탐 길(đường Đề Thám) 사이에 위치한 곳을 가리킨다. 이 지역은 배낭 여행객들의 성지라 불리는데, 론리 프래닛 책에서는 호찌밍에서 배낭여행 시 반드시 들려야 하는 곳으로 꼽기도 했다.

여행 관련 서비스와 부대시설이 집중해 있으며, 저렴한 가격의 호텔과 게스트 하우스가 많다. 또한 로컬 음식부터 다양한 나라의 음식을 맛볼 수 있는 식당, 저렴하게 구입할 수 있는 기념품 샵 등이 많이 분포해 되어 있다.

베트남 현지 여행사들도 많아 취향에 따라 장소에 따라 즐길 수 있는 다양한 투어 프로그램들을 제공한다.

미리보기

이번 랜드마크에서는 어떤 대화를 하는지 먼저 살펴볼까요?

원어민의 음성을 들어보세요.

Vietnam_39.mp3

1

A: Sao khu phố Phạm Ngũ Lão nổi tiếng đối với du khách?

B: Vì đây là một khu vực được tập trung các cơ sở dịch vụ cho nhiều du khách.

2

A: Ở đây có những cơ sở dịch vụ du lịch gì?

B: Nói cụ thể, khu này có nhiều khách sạn, nhà hàng và cửa hàng đồ lưu niệm với giá rẻ.

3

A: Nếu muốn đặt tour thì tôi phải đến đâu?

B: Ở đây có nhiều công ty dịch vụ tour. Sinh cafe và Kim cafe rất nổi tiếng.

1

A: 팜 응우 라오 구역이 여행객들에게 왜 유명한가요?

B: 왜냐하면 여기는 여행객들을 위한 서비스 시설들이 밀집되어 있는 구역이기 때문이에요.

2

A: 여기에 무슨 여행 서비스 시설들이 있나요?

B: 구체적으로 말하면, 이 구역엔 많은 호텔과 식당, 기념품 샵이 저렴한 가격에 있어요.

3

A: 만약 투어를 예약하고 싶다면 어디를 가야 하죠?

B: 이곳엔 많은 투어 서비스 회사들이 있어요. 씬 카페와 낌 카페가 유명해요.

오늘의 주요 단어입니다.
학습을 시작하기 전에
단어부터 살펴보아요.

- khu phố 구역
  쿠 포
- đối với ~에 대해
  도이 붜이
- khu vực 구역
  쿠 븍
- cơ sở 기반, 기초
  꺼 써
- đồ lưu niệm 기념품
  도 루 니엠
- nổi tiếng 유명한
  노이 띠엥
- quen 알다, 익숙하다
  꾸앤
- tập trung 집중하다
  떱 쭝
- dịch vụ 서비스
  직 부
- cụ thể 구체적인
  꾸 테
- cửa hàng 가게
  끄어 항
- sửa 수리하다
  쓰어
- mới 막~한
  머이
- giảm giá 할인하다
  쟘 쟈

이정도 한마디는
랜드마크에서 꼭 해보아요.
패턴으로 완벽 암기하세요.

주어 được 동사/형용사 ~하게 되었어요

- Nhà này được xây dựng vào năm 1966.[1]
  냐 나이 드억 써이 증 봐오 남
  이 집은 1966에 지어지게 되었어요.

- Chúng tôi được quen nhau ở Việt Nam.
  쭘 또이 드억 꿴 냐우 어 비엣 남
  우리는 베트남에서 서로 알게 되었어요.

- Xe buýt được sửa lại hôm nay.
  쌔 부잇 드억 쓰어 라이 홈 나이
  버스는 오늘 다시 수리되었어요.

- Khách sạn đó mới được mở cửa vào tuần trước.
  카익 싼 더 머이 드억 머 끄어 봐오 뚜언 쯔억
  그 호텔은 지난주에 막 문을 열게 되었어요.

- Vé được giảm giá trên 5 người.
  붸 드억 쟘 쟈 쩬 남 응어이
  티켓은 5명 이상부터 할인됩니다.

참고

1 1966 (몯 응인 찐 짬 싸우 므어이 싸우)

일지쓰기

랜드마크에서 대화한 내용을 떠올리며 빈칸을 채워보세요.

1

A: Sao khu phố Phạm Ngũ Lão _________ đối với du khách?
싸오 쿠 포 팜 응우 라오 노이 띠엥 도이 뷔이 쥬 카익

B: Vì đây là một khu vực được tập trung các cơ sở dịch vụ cho nhiều du khách.
뷔 더이 라 못 쿠 븍 드억 떱 쭝 깍 꺼 써 직 부 쩌 니에우 쥬 카익

A: 팜 응우 라오 구역이 여행객들에게 왜 유명한가요?

B: 왜냐하면 여기는 여행객들을 위한 서비스 시설들이 밀집되어 있는 구역이기 때문이에요.

2

A: Ở đây có những cơ sở dịch vụ du lịch gì?
어 더이 꺼 능 꺼 써 직 부 쥬 릭 지

B: Nói _________, khu này có nhiều khách sạn, nhà hàng và cửa hàng đồ lưu niệm với giá rẻ.
너이 꾸 테 쿠 나이 꺼 니에우 카익 산 냐 항 봐 끄어 항 도 르 니엠 뷔이 쟈 재

A: 여기에 무슨 여행 서비스 시설들이 있나요?

B: 구체적으로 말하면, 이 구역엔 많은 호텔과 식당, 기념품 샵이 저렴한 가격에 있에요.

3

A: Nếu muốn _________ tour thì tôi _________ đến đâu?
네우 무온 닷 뚜어 티 또이 퐈이 덴 더우

B: Ở đây có nhiều công ty dịch vụ tour. Sinh cafe và Kim cafe rất nổi tiếng.
어 더이 꺼 니에우 꽁 띠 직 부 뚜어 씽 까페 봐 낌 까페 젓 노이 띠엥

A: 만약 투어를 예약하고 싶다면 어디를 가야 하죠?

B: 이곳엔 많은 투어 서비스 회사들이 있어요. 씬 카페와 낌 카페가 유명해요.

정답

1 nổi tiếng
2 cụ thể
3 đặt, phải

40 노트르담 성당(Nhà thờ Đức Bà Sài Gòn)

오늘 배울 표현은 **언제 ~하나요?**

사이공 노트르담 성당은 성모 마리아 대성당이라고도 불리며, 호찌밍 1군에 위치해 있다. 프랑스의 식민지였던 1863년부터 1880년까지 긴 시간에 걸쳐 건설되었으며 성당의 건축자재를 프랑스에서 모두 가져 올 정도로 공들인 건축물로 특히 가장 많이 드러나 있는 빨간 벽돌들은 마르세유에서 생산된 것이다. 호찌밍 대성당의 천장은 파리의 노트르담 성당을 본떠 전형적인 로마네스크 양식으로 지어졌으며, 실내의 화려한 스테인드글라스 또한 인상적이다.

한편, 노트르담 성당은 외국인을 위한 미사 시간이 따로 있는데, 매주 일요일 9시 반에 열리는 영어 미사에는 예배를 드리기 위해 몰려든 사람들로 북적인다.

▶ 주소 : 01 Công xã Paris, Bến Nghé, Quận 1, Hồ Chí Minh, Việt Nam

미리보기

이번 랜드마크에서는 어떤 대화를 하는지 먼저 살펴볼까요?

원어민의 음성을 들어보세요.

Vietnam_40.mp3

1

A: Nhà thờ Đức Bà được xây dựng theo phong cách kiến trúc nào?

B: Nó được thiết kế theo phong cách kiến trúc Pháp.

2

A: Các vật liệu xây dựng có gì đặc biệt không?

B: Có. Toàn bộ vật liệu đều mang từ Pháp.

3

A: Khi nào có lễ mi-xa?

B: Mỗi chủ nhật có lễ mi-xa, còn có những ngày thường vào buổi sáng sớm và buổi tối.

1

A: 노트르담 성당은 어떤 건축 양식에 따라 지어졌나요?

B: 그것은 프랑스 건축 양식에 따라 지어졌어요.

2

A: 건축 재료에 특별한 무언가가 있나요?

B: 네. 모든 재료 전부가 프랑스로부터 가지고 온 거예요.

3

A: 언제 미사가 있나요?

B: 매주 일요일에 미사가 있고요. 이른 아침과 저녁 평일에도 있어요.

오늘의 주요 단어입니다.
학습을 시작하기 전에
단어부터 살펴보아요.

- nhà thờ 교회, 성당
  냐 터
- thiết kế 설계하다
  티엔 께
- vật liệu 재료
  벋 리에우
- toàn bộ 전부
  또안 보
- buổi sáng 아침
  부오이 쌍
- về nước 귀국하다
  베 느억
- theo ~에 따라
  태오
- Pháp 프랑스
  팝
- khi nào 언제
  키 나오
- lễ mi-xa 미사
  레 미 싸
- ngày thường 평일
  응아이 트엉
- thì 주어 강조, 그러면
  티
- buổi tối 저녁
  부오이 또이
- công tác 출장
  꼼 딱

이정도 한마디는
랜드마크에서 꼭 해보아요.
패턴으로 완벽 암기하세요.

Khi nào 주어 동사? 언제 ~하나요?

- Khi nào xe lửa khởi hành?
  키 나오 쌔 르어 커이 하잉
  기차가 언제 출발하나요?

- Khi nào anh đi công tác?
  키 나오 아잉 디 꼼 딱
  당신(남)은 언제 출장 가나요?

- Khi nào chị về nước?
  키 나오 찌 베 느억
  당신(여)은 언제 귀국하나요?

- Khi nào chúng ta gặp nhau?
  키 나오 쭘 따 갑 나우
  우리는 언제 만날까요?

- Khi nào nhà hàng đóng cửa?
  키 나오 냐 항 돔 끄어
  식당은 언제 문 닫나요?

일지쓰기

랜드마크에서 대화한 내용을 떠올리며 빈칸을 채워보세요.

1

A: __________ Đức Bà được xây dựng theo phong
냐 터 득 바 드억 써이 중 태오 퐁
cách kiến trúc nào?
까익 끼엔 쭙 나오

B: Nó được thiết kế theo phong cách kiến trúc
너 드억 티엔 께 태오 퐁 까익 끼엔 쭙
Pháp.
팝

A: 노트르담 성당은 어떤 건축 양식에 따라 지어졌나요?

B: 그것은 프랑스 건축 양식에 따라 지어졌어요.

2

A: Các vật liệu xây dựng có gì __________ không?
깍 벋 리에우 써이 증 꺼 지 닥 비엔 콩

B: Có. Toàn bộ vật liệu đều mang từ Pháp.
꺼 또안 보 벋 리에우 데우 망 뜨 팝

A: 건축 재료에 특별한 무언가가 있나요?

B: 네. 모든 재료 전부가 프랑스로부터 가지고 온 거예요.

3

A: __________ có lễ mi-xa?
키 나오 꺼 레 미-싸

B: Mỗi chủ nhật có lễ mi-xa, còn có những ngày
모이 쭈 녇 꺼 레 미-싸 껀 꺼 니응 응아이
thường vào buổi sáng sớm và buổi tối.
트엉 바오 부오이 쌍 썸 바 부오이 또이

A: 언제 미사가 있나요?

B: 매주 일요일에 미사가 있고요. 이른 아침과 저녁 평일에도 있어요.

정답

1 Nhà thờ
2 đặc biệt
3 Khi nào

기억하기

나음 빈칸에 들어갈 내용을 떠올리며
앞서 다녀온 랜드마크를 다시 기억해보세요.

37

통일궁(Dinh Độc Lập)

주어 동사 cho 대상 대상을 위해/ 대상에게 ~해요

- Đây là giấy hướng dẫn cho người Hàn Quốc.
  이건 한국사람들을 위한 안내서예요.
- Tôi muốn đặt phòng _______ 2 người.
  저는 두 사람을 위한 방을 예약하고 싶네요.
- Tôi mua cái này để _______ cho bạn gái.
  저는 여자 친구에게 선물하려고 이것을 샀어요.
- Ở gần đây có nhà hàng cho _______ không?
  근처에 채식주의자를 위한 식당이 있나요?
- Ở đó có nhiều đồ chơi cho trẻ em.
  그곳엔 어린이들을 위한 놀거리가 많아요.

정답

» cho
» tặng
» người ăn chay

38

벤탄 시장(Chợ Bến Thành)

~khi nào? 언제 ~했나요?

- Bạn đến Việt Nam khi nào?
  너는 베트남에 언제 왔니?
- Anh đặt phòng _______?
  당신(남)은 방을 언제 예약하셨죠?
- Chị _______ xe máy khi nào?
  당신(여)은 오토바이를 언제 빌리셨나요?
- Em đi Hà Nội vào TP. Hồ Chí Minh khi nào?
  너는 하노이 갔다 호찌밍으로 언제 왔니?
- Nhà hàng này đã _______ khi nào?
  이 식당이 언제 없어졌죠?

정답

» khi nào
» thuê
» biến mất

39

팜 응우 라오 구역
(Khu phố Phạm Ngũ Lão)

주어 được 동사/형용사 ~하게 되었어요

- Nhà này _______ xây dựng vào năm 1966.
  이 집은 1966에 지어지게 되었어요.
- Chúng tôi được quen nhau ở Việt Nam.
  우리는 베트남에서 서로 알게 되었어요.
- Xe buýt được _______ lại hôm nay.
  버스는 오늘 다시 수리되었어요.
- Khách sạn đó mới được mở cửa vào tuần trước.
  그 호텔은 지난주에 막 문을 열게 되었어요.
- Vé được _______ trên 5 người.
  티켓은 5명 이상부터 할인됩니다.

정답

» được
» sửa
» giảm giá

40

노트르담 성당(Nhà thờ Đức Bà Sài Gòn)

Khi nào 주어 동사? 언제 ~하나요?

- Khi nào _______ khởi hành?
  기차가 언제 출발하나요?
- Khi nào anh đi _______?
  당신(남)은 언제 출장 가나요?
- Khi nào chị về nước?
  당신(여)은 언제 귀국하나요?
- Khi nào chúng ta gặp nhau?
  우리는 언제 만날까요?
- _______ nhà hàng đóng cửa?
  식당은 언제 문 닫나요?

정답

» xe lửa
» công tác
» Khi nào

41

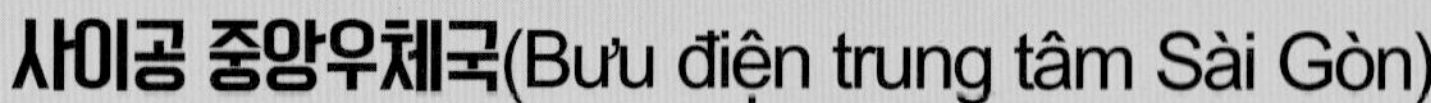

사이공 중앙우체국(Bưu điện trung tâm Sài Gòn)

오늘 배울 표현은 **~할 수 없어요**

노트르담 대성당 맞은편에 위치한 중앙우체국은 프랑스 식민지 시대에 지어진 건축물로 1981년 완공됐으며, 콜로니얼 양식의 외관과 아치형의 높은 천장이 특징이다. 특히 내부에 있는 호찌밍 초상화와 인도차이나 지도는 관광객의 시선을 압도한다.

호찌밍을 상징하는 랜드마크 중 하나로 중요 건축 문화재로 보호받고 있다. 현재까지도 우체국 본연의 역할을 하고 있어, 베트남 기념엽서와 우편을 구입해 자국으로 보내는 외국인들의 모습을 쉽게 볼 수 있다.

▶ 주소 : Bến Nghé, Quận 1, Hồ Chí Minh, Việt Nam
▶ 운영시간: 월~금 07:00-19:00 / 토 07:00-18:00 / 일 08:00-18:00

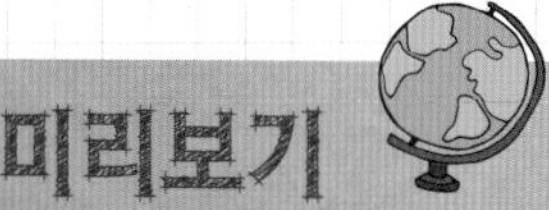

이번 랜드마크에서는 어떤 대화를 하는지 먼저 살펴볼까요?

원어민의 음성을 들어보세요.

Vietnam_41.mp3

1

A: Bưu điện trung tâm Sài Gòn được xây dựng vào năm nào?

B: Đây là tòa nhà được xây dựng trong khoảng năm 1886–1891.

2

A: Tòa nhà này được thiết kế theo phong cách kiến trúc nào?

B: Đây là công trình kiến trúc mang phong cách phương Tây kết hợp với nét trang trí phương Đông.

3

A: Bây giờ chắc là tôi không thể gửi thư hoặc bưu phẩm ở đây phải không?

B: Không. Đến hiện nay bưu điện này cũng đang vận hành.

1

A: 사이공 중앙 우체국은 몇 년도에 지어졌나요?

B: 이 곳은 대략 1886년부터 1891년까지 지어진 건물이에요.

2

A: 이 건물은 어떤 건축 양식에 따라 설계되었죠?

B: 서양식 건축물에 동양의 장식적인 특징을 결합한 형태에요.

3

A: 지금은 편지나 소포를 이 곳에서 보낼 수 없겠죠?

B: 아니요. 현재도 역시 이 우체국은 운영하고 있어요.

준비하기

오늘의 주요 단어입니다. 학습을 시작하기 전에 단어부터 살펴보아요.

- tòa nhà 건물
  또아 냐
- công trình 건축물
  꼼 찌잉
- phương Tây 서양의
  프엉 떠이
- phương Đông 동양의
  프엉 돔
- nét 형태
  냳
- bưu phẩm 소포
  브우 펌
- vận hành 운행하다
  번 하잉
- thiết kế 설계하다
  티엗 께
- trang trí 장식
  짱 찌
- hiện nay 현재
  히엔 나이
- mang 가지고 오다
  망
- đồ ăn 음식물
  도 안
- mệt 지치는
  멛
- lái 운전하다
  라이

이정도 한마디는 랜드마크에서 꼭 해보아요. 패턴으로 완벽 암기하세요.

주어 không thể 동사 (được) ~할 수 없어요

- Các bạn không thể chụp hình ở đây.
  깍 반 콤 테 쭙 힝 어 더이
  여러분들은 이 곳에서 사진을 찍을 수 없어요.
- Chị không thể mang đồ ăn vào.
  찌 콤 테 망 도 안 봐오
  당신(여)은 음식을 가지고 들어올 수 없어요.
- Mệt quá! Tôi không thể đi bộ nữa.
  멛 꾸아 또이 콤 테 디 보 느어
  정말 힘드네요! 저는 더 이상 걸을 수가 없어요.
- Tôi không thể ăn rau thơm được.
  또이 콤 테 안 자우 텀 드억
  저는 향채를 먹을 수 없어요.
- Tôi không thể lái xe máy được.
  또이 콤 테 라이 쌔 마이 드억
  저는 오토바이 운전을 할 수 없어요.

일지쓰기 

랜드마크에서 대화한 내용을 떠올리며 빈칸을 채워보세요.

1

A: _________ trung tâm Sài Gòn được xây dựng vào
부 디엔 쭘 떰 싸이 곤 드억 써이 증 봐오
năm nào?
난 나오

B: Đây là tòa nhà được xây dựng trong khoảng
더이 라 또아 냐 드억 써이 증 쫑 쾅
năm [1]1886–[2]1891.
난

A: 사이공 중앙 우체국은 몇 년도에 지어졌나요?

B: 이 곳은 대략 1886년부터 1891년까지 지어진 건물이에요.

2

A: Tòa nhà này được thiết kế _________ phong cách
또아 냐 나이 드억 티엔 께 테오 퐁 까익
kiến trúc nào?
끼엔 쭙 나오

B: Đây là công trình kiến trúc mang phong cách
더이 라 꽁 찡 끼엔 쭙 망 퐁 까익
phương Tây kết hợp với nét trang trí phương Đông.
프엉 떠이 껫 헙 붜이 넷 짱 찌 프엉 돔

A: 이 건물은 어떤 건축 양식에 따라 설계되었죠?

B: 서양식 건축물에 동양의 장식적인 특징을 결합한 형태예요.

3

A: Bây giờ chắc là tôi không thể gửi thư _________
버이 져 짝 라 또이 콤 테 그이 트 호악
bưu phẩm ở đây phải không?
부 펌 어 더이 퐈이 콤

B: Không. Đến hiện nay bưu điện này cũng đang
콤 덴 히엔 나이 부 디엔 나이 꿍 당
_________.
붠 하잉

A: 지금은 편지나 소포를 이 곳에서 보낼 수 없겠죠?

B: 아니요. 현재도 역시 이 우체국은 운영하고 있어요.

참고

1 1886 (몯 응인 땀 짬 땀 므이이 싸우 덴)

2 1891 (몯 응인 땀 짬 친 므어이 몯)

정답

1 Bưu điện

2 theo

3 hoặc, vận hành

42 아오자이 박물관(Bảo tàng áo dài)

오늘 배울 표현은 **~얼마예요?**

베트남의 전통복인 아오자이를 전시한 박물관으로, 2014년에 개관했다. 호찌밍의 외곽에 위치해 있어 접근성은 떨어지지만, 베트남 아오자이의 변천사를 한눈에 볼 수 있다.

17세기에 유행했던 4장의 천으로 된 아오자이를 비롯하여, 1930년대 프랑스 스타일을 도입한 아오자이, 1950년대 옷깃이 없는 아오자이, 1960년대 사이공 아오자이, 히피풍의 아오자이 등 다양한 디자인의 아름다운 아오자이를 볼 수 있다.

또한, 잘 가꾸어진 넓은 정원과 호수가 고즈넉한 분위기를 자아내며 전시품 외에도 각종 체험과 민속놀이 등도 즐길 수 있다.

- ▶ 주소 : 206/19/30 Long Thuận, phường Long Phước, Quận 9, Hồ Chí Minh, Việt Nam
- ▶ 운영시간 : 08:30 ~ 17:30 (월요일 휴관)
- ▶ 홈페이지: http://baotangaodaivietnam.com

미리보기

이번 랜드마크에서는 어떤 대화를 하는지 먼저 살펴볼까요?

원어민의 음성을 들어보세요.

Vietnam_42.mp3

1

A: Áo dài là gì?

B: Áo dài là áo truyền thống của Việt Nam.

2

A: Bảo tàng áo dài có gì đáng xem không?

B: Nhiều loại áo dài được trưng bày và cũng có vườn rộng rãi đáng đi dạo.

3

A: Giá vé tham quan bao nhiêu tiền?

B: 100.000 đồng một vé cho khách du lịch.

1

A: 아오자이가 무엇인가요?

B: 아오자이는 베트남의 전통복이에요.

2

A: 아오자이 박물관에 뭐 볼만한 게 있나요?

B: 그곳에는 많은 종류의 아오자이가 전시되어 있고, 산책할 만한 넓은 정원도 있어요.

3

A: 관람권은 얼마인가요?

B: 여행객들은 1장에 십만 동입니다.

준비하기

오늘의 주요 단어입니다.
학습을 시작하기 전에
단어부터 살펴보아요.

- trưng bày 전시하다 (쯩 바이)
- rộng rãi 넓은 (좀 자이)
- tham quan 관광하다 (탐 꾸안)
- tiền 돈 (띠엔)
- tất cả 모두 (떳 까)
- cà phê 커피 (까 페)
- Mỹ 미국 (미)
- lịch sử 역사 (릭 쓰)
- vườn 정원 (브언)
- truyền thống 전통의 (쭈옌 통)
- đi dạo 산책하다 (디 자오)
- vé 티켓 (베)
- ly 잔 (리)
- đô la 달러 (도 라)

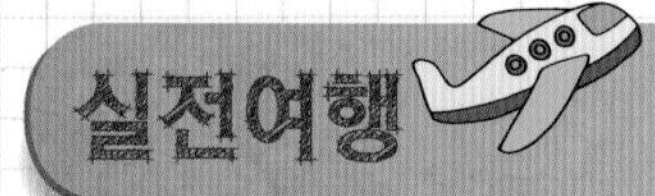

실전여행

이정도 한마디는
랜드마크에서 꼭 해보아요.
패턴으로 완벽 암기하세요.

~ bao nhiêu tiền? ~얼마예요?

- Cái này bao nhiêu tiền?
  까이 나이 바오 니에우 띠엔
  이건 얼마예요?
- Một vé cho trẻ em bao nhiêu tiền?
  몯 베 찌 쩨 앰 바오 니에우 띠엔
  어린이용 티켓 한 장에 얼마예요?
- Tất cả bao nhiêu tiền?
  떧 까 바오 니에우 띠엔
  모두 얼마예요?
- Một ly cà phê bao nhiêu tiền?
  몯 리 까 페 바오 니에우 띠엔
  커피 한 잔에 얼마예요?
- Hôm nay 1 đô la Mỹ bằng bao nhiêu tiền Việt?
  홈 나이 몯 도 라 미 방 바오 니에우 띠엔 비엗
  오늘 1달러는 베트남 돈으로 얼마예요?

일지쓰기

랜드마크에서 대화한 내용을 떠올리며 빈칸을 채워보세요.

1

A: Áo dài là gì?
아오 자이 라 지

B: Áo dài là áo ________ của Việt Nam.
아오 자이 라 아오 쭈엔 똥 꾸어 비엔 남

A: 아오자이가 무엇인가요?

B: 아오자이는 베트남의 전통복이에요.

2

A: Bảo tàng áo dài có gì đáng xem không?
바오 땅 아오 자이 꺼 지 당 쌤 콩

B: Nhiều loại áo dài được trưng bày và cũng có
니에우 로아이 아오 자이 드억 쯩 바이 봐 꿈 꺼
vườn rộng rãi đáng ________.
브엉 좀 자이 당 디 자오

A: 아오자이 박물관에 뭐 볼만한 게 있나요?

B: 그곳에는 많은 종류의 아오자이가 전시되어 있고, 산책할 만한 넓은 정원도 있어요.

3

A: Giá vé tham quan ________?
자 베 탐 꽌 바오 니에우 띠엔

B: [1] 100.000 đồng một vé cho khách du lịch.
돔 뫁 베 쩌 카익 쥬 릭

A: 관람권은 얼마인가요?

B: 여행객들은 1장에 십만 동입니다.

참고

[1] 100.000 (몬 짬 응인)

정답

1 truyền thống
2 đi dạo
3 bao nhiêu tiền

43 구찌 터널(Địa đạo Củ Chi)

오늘 배울 표현은 **오직~해요**

구찌 터널은 호찌밍 시내에서 북서쪽으로 약 70km 떨어져 있으며, 베트남 전쟁 당시의 잔혹하고 치열했던 게릴라전의 상황을 보여 주는 지하 터널이 밀림 안에 그대로 보존되어 있다. 호찌밍에서 투어를 이용할 수 있으며, 버스를 이용할 경우 벤탄 터미널에서 구찌행 버스를 이용한다.

구찌 터널은 인도차이나 전쟁 당시 프랑스에 대항하기 위해 처음 만들었다. 초기에는 지하 1층 구조였지만 베트남 전쟁 발발 후 약 200km를 더 파서 지금의 모습을 갖추었다. 캄보디아 국경지대까지 확장된 전체 길이는 무려 250km에 이른다. 온전히 사람의 힘으로 만든 터널로, 지하 터널 내부는 회의실, 무기 저장실, 식당, 침실, 주방 그리고 수술실까지 갖추어져 있다.

미리보기

이번 랜드마크에서는 어떤 대화를 하는지 먼저 살펴볼까요?

원어민의 음성을 들어보세요.

Vietnam_43.mp3

1

A: Địa đạo Củ Chi cách TP. Hồ Chí Minh bao nhiêu km?

B: Địa đạo Củ Chi cách TP. Hồ Chí Minh 70 km về hướng tây-bắc.

2

A: Chiều dài của Địa đạo Củ Chi thế nào?

B: Nó dài khoảng 250km nhưng hiện tại chỉ còn khoảng 120km thôi.

3

A: Ở đó có chương trình đáng tham gia không?

B: Du khách có thể trực tiếp đi dưới địa đạo và cũng có thể thử bắn súng tại Củ Chi.

1

A: 구찌 터널은 호찌밍으로부터 몇 km 떨어져 있나요?

B: 구찌 터널은 호찌밍으로부터 북서 방향으로 70km 떨어져 있어요.

2

A: 구찌 터널의 길이는 어떠한가요?

B: 터널 길이는 대략 250km 정도예요. 그렇지만 현재는 120km 정도만 남아 있어요.

3

A: 그곳에는 참여할 만한 프로그램이 있나요?

B: 여행객들은 직접 구찌 터널 아래로 갈 수도 있고요. 구찌에서 사격을 해 볼 수도 있어요.

준비하기

오늘의 주요 단어입니다.
학습을 시작하기 전에
단어부터 살펴보아요.

- địa đạo 지하 땅굴 (디어 다오)
- hệ thống 시스템 (헤 톰)
- hiện tại 현재 (히엔 따이)
- trực tiếp 직접 (쯕 띠엡)
- bắn súng 사격하다 (반 쑴)
- còn 남아있다 (껀)
- tiệm 가게 (띠엠)
- tây-bắc 북서 (떠이 박)
- hướng 방향 (흐엉)
- chỉ~ thôi 오직~인 (찌 토이)
- dưới 아래의 (즈어이)
- tại ~에서 (따이)
- thử 시도하다 (트)
- nghỉ 쉬다 (응이)

이정도 한마디는
랜드마크에서 꼭 해보아요.
패턴으로 완벽 암기하세요.

chỉ ~ thôi 오직~해요

- Từ đây đến siêu thị chỉ mất 5 phút thôi.
  뜨 더이 덴 씨에우 티 찌 먿 남 품 토이
  여기서 슈퍼까지는 5분밖에 안 걸려요.

- Tôi chỉ còn 100 đô la thôi.
  또이 찌 껀 몯짬 도 라 토이
  저는 100 달러만 남았어요.

- Tiệm chúng tôi chỉ bán cà phê thôi.
  띠엠 쭘 또이 찌 반 까 페 토이
  저희 가게는 커피만 판매해요.

- Hôm nay tôi sẽ chỉ nghỉ ở khách sạn thôi.
  홈 나이 또이 쌔 찌 응이 어 카익 산 토이
  오늘 저는 호텔에서 쉬기만 할 거예요.

- Tôi chỉ cần mua đồ lưu niệm thôi.
  또이 찌 껀 무어 도 르 니엠 토이
  저는 기념품만 사면 돼요.

일지쓰기

랜드마크에서 대화한 내용을 떠올리며 빈칸을 채워보세요.

1

A: Địa đạo Củ Chi _________ TP. Hồ Chí Minh bao nhiêu km?
디이 다오 꾸 찌 까익 타잉 포 호 찌 밍 바오 니에우 끼로 멘

B: Địa đạo Củ Chi _________ TP. Hồ Chí Minh [1] 70 km về hướng tây-bắc.
디이 다오 꾸 찌 까익 타잉 포 호 찌 밍 베 흐엉 떠이 박

A: 구찌 터널은 호찌밍으로부터 몇 km 떨어져 있나요?

B: 구찌 터널은 호찌밍으로부터 북서 방향으로 70km 떨어져 있어요.

2

A: Chiều dài của Địa đạo Củ Chi thế nào?
찌에우 자이 꾸어 디이 다오 꾸 찌 테 나오

B: Nó dài khoảng [2] 250 km nhưng hiện tại _________ còn khoảng [3] 120 km _________.
너 자이 쾅 니응 히엔 따이 찌 껀 쾅 도이

A: 구찌 터널의 길이는 어떠한가요?

B: 터널 길이는 대략 250km 정도예요. 그렇지만 현재는 120km 정도만 남아 있어요.

3

A: Ở đó có chương trình đáng tham gia không?
어 더 꺼 쯔엉 찡 당 탐 쟈 콤

B: Du khách _________ trực tiếp đi dưới địa đạo và cũng có thể _________ bắn súng tại Củ Chi.
쥬 카익 끼 테 쯕 띠엡 디 즈어이 디어 다오 봐 꿈 꺼 테 트 반 쑹 따이 꾸 찌

A: 그곳에는 참여할 만한 프로그램이 있나요?

B: 여행객들은 직접 구찌 터널 아래로 갈 수도 있고요. 구찌에서 사격을 해 볼 수도 있어요.

참고

[1] 70 km (바이 므어이 끼로 멘)
[2] 250 km (하이 짬 남므어이 끼로 멘)
[3] 120 km (몯짬 하이 므어이 끼로 멘)

정답

[1] cách
[2] chỉ, thôi
[3] có thể, thử

44 사이공 강(Sông Sài Gòn)

오늘 배울 표현은 **이죠, 그렇죠?**

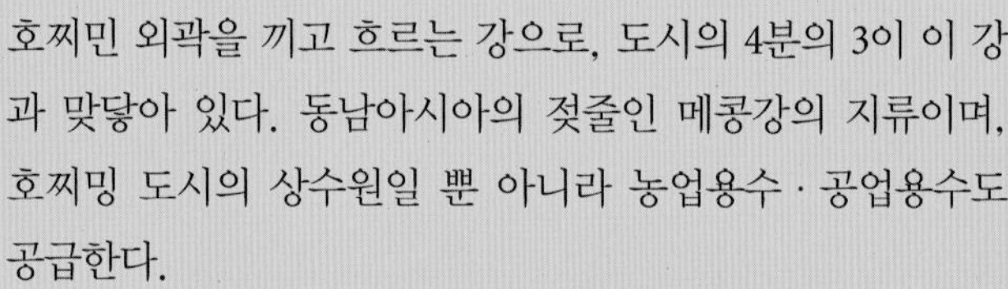

호찌민 외곽을 끼고 흐르는 강으로, 도시의 4분의 3이 이 강과 맞닿아 있다. 동남아시아의 젖줄인 메콩강의 지류이며, 호찌밍 도시의 상수원일 뿐 아니라 농업용수 · 공업용수도 공급한다.

사이공 강은 특유의 역동적인 분위기를 가지고 있으며, 낮에는 호찌민의 무더운 열기를 식혀 주고 강에 떠 있는 많은 선박들은 사람과 화물을 수송한다.

한편, 저녁이면 많은 사람들이 강 둔치로 나와 식사를 하거나 차를 마시면서 유람선과 선박들에서 나오는 불빛으로 번쩍이는 호찌민의 야경을 즐긴다. 사이공 강의 유람선을 타면 사이공 강을 한 바퀴 돌며 맛있는 베트남 전통 요리를 다양한 공연과 함께 즐길 수 있다.

이번 랜드마크에서는 어떤 대화를 하는지 먼저 살펴볼까요?

원어민의 음성을 들어보세요.

Vietnam_44.mp3

1

A: Khi nào tôi có thể lên du thuyền trên sông Sài Gòn?

B: Du thuyền thường chạy vào buổi tối, đặc biệt là ăn tối trên thuyền rất nổi tiếng.

2

A: Chắc là ăn tối trên tuyền thật hay, phải không?

B: Hay lắm! Chị có thể vừa ngắm cảnh đêm vừa thưởng thức những món truyền thống Việt Nam.

3

A: Tuyến xe buýt trên sông Sài Gòn đã vận hành chưa?

B: Rồi. Tháng 7 vừa qua mới khai trương và đang vận hành.

1

A: 언제 사이공 강에서 유람선을 탈 수 있죠?

B: 유람선은 보통 저녁에 운행해요, 특히 선상에서의 저녁식사가 유명하죠.

2

A: 틀림없이 선상에서의 저녁은 멋질 거예요, 그렇죠?

B: 굉장히 멋있죠! 야경 감상을 하며 베트남의 전통 음식들도 즐길 수 있어요.

3

A: 사이공 강의 수상 버스도 운행을 시작했나요?

B: 네, 이번 7월부터 막 개장해서 운행하고 있어요.

준비하기

오늘의 주요 단어입니다.
학습을 시작하기 전에
단어부터 살펴보아요.

- **chủ yếu** 주로 (쭈 이에우)
- **chắc là** 틀림없이 ~이다 (짝 라)
- **hay** 멋진 (하이)
- **thưởng thức** 즐기다, 감상하다 (트엉 특)
- **truyền thống** 전통의 (쭈옌 통)
- **vận hành** 운행하다 (번 하잉)
- **dịch vụ lễ tân** 룸서비스 (직 부 레 떤)
- **du thuyền** 유람선 (쥬 투옌)
- **sông** 강 (쏭)
- **vé khứ hồi** 왕복 티켓 (베 크 호이)
- **hướng dẫn viên** 가이드 (흐엉 전 뷔엔)
- **tuyến** 노선 (뚜옌)
- **vừa qua** 방금 전에, 최근에 (브어 꾸아)
- **khai trương** 개장하다 (카이 쯔엉)

실전여행

이정도 한마디는
랜드마크에서 꼭 해보아요.
패턴으로 완벽 암기하세요.

~ phải không? 이죠, 그렇죠?

- **Dịch vụ lễ tân phải không?**
  직 부 레 떤 파이 콤
  룸 서비스 맞죠?

- **Anh là hướng dẫn viên phải không?**
  아잉 라 흐엉 전 뷔엔 파이 콤
  당신이 가이드죠?

- **Đây là đường Hai Bà Trưng phải không?**
  더이 라 드엉 하이 바 쯩 파이 콤
  여기가 하이바쯩 거리죠?

- **Anh mua vé khứ hồi phải không?**
  아잉 무어 베 크 호이 파이 콤
  당신은 왕복 티켓을 샀죠, 그렇죠?

- **Cái kia là của anh phải không?**
  까이 끼어 라 꾸어 아잉 파이 콤
  저건 당신 것이죠, 그렇죠?

일지쓰기

랜드마크에서 대화한 내용을 떠올리며 빈칸을 채워보세요.

1

A: __________ tôi có thể __________ du thuyền trên
키 나오 또이 꺼 테 렌 쥬 투엔 쩬
sông Sài Gòn?
쏭 싸이 곤

B: Du thuyền thường chạy vào buổi tối, đặc biệt là
쥬 투엔 트엉 짜이 봐오 부오이 또이 닥 비엣 라
ăn tối trên thuyền rất nổi tiếng.
안 또이 쩬 투엔 뜨엔 노이 띠엥

A: 언제 사이공 강에서 유람선을 탈 수 있죠?

B: 유람선은 보통 저녁에 운행해요, 특히 선상에서의 저녁식사가 유명하죠.

2

A: Chắc là ăn tối trên tuyền thật hay, __________?
짝 라 안 또이 쩬 투엔 텃 하이 퐈이 콤

B: Hay lắm! Chị có thể vừa ngắm cảnh đêm vừa
하이 람 찌 꺼 테 브어 응암 까잉 뎀 브어
thưởng thức những món truyền thống Việt
트엉 특 늬응 먼 쭈엔 통 비엣
Nam.
남

A: 틀림없이 선상에서의 저녁은 멋질 거예요, 그렇죠?

B: 굉장히 멋있죠! 야경 감상을 하며 베트남의 전통 음식들도 즐길 수 있어요.

3

A: Tuyến xe buýt trên sông Sài Gòn đã vận hành
뚜엔 쌔 부잇 쩬 쏭 싸이 곤 다 붠 하잉
__________?
쯔어

B: Rồi. Tháng [1] 7 vừa qua __________ khai trương và
죠이 탕 브어 꾸아 머이 카이 쯔엉 봐
đang vận hành.
봐 봔 하잉

A: 사이공 강의 수상 버스도 운행을 시작했나요?

B: 네, 이번 7월부터 막 개장해서 운행하고 있어요.

참고

1 7 (바이)

정답

1 Khi nào, lên
2 phải không
3 chưa, mới

나음 빈칸에 들어갈 내용을 떠올리며
앞서 다녀온 랜드마크를 다시 기억해보세요.

41 사이공 중앙우체국(Bưu điện trung tâm Sài Gòn)

주어 không thể 동사 (được) ~할 수 없어요

- Các bạn không thể ______ hình ở đây.
  여러분들은 이 곳에서 사진을 찍을 수 없어요.
- Chị không thể mang đồ ăn vào.
  당신(여)은 음식을 가지고 들어올 수 없어요.
- ______ quá! Tôi không thể đi bộ nữa.
  정말 힘드네요! 저는 더 이상 걸을 수가 없어요.
- Tôi không thể ăn rau thơm được.
  저는 향채를 먹을 수 없어요.
- Tôi ______ lái xe máy ______.
  저는 오토바이 운전을 할 수 없어요.

정답

» chụp
» Mệt
» không thể
» được

42 아오자이 박물관(Bảo tàng áo dài)

~ bao nhiêu tiền? ~얼마예요?

- Cái này bao nhiêu tiền?
  이건 얼마예요?
- Một vé cho trẻ em bao nhiêu tiền?
  어린이용 티켓 한 장에 얼마예요?
- ______ bao nhiêu tiền?
  모두 얼마예요?
- Một ______ cà phê bao nhiêu tiền?
  커피 한 잔에 얼마예요?
- Hôm nay 1 đô la Mỹ bằng ______ Việt?
  오늘 1달러는 베트남 돈으로 얼마예요?

정답

» Tất cả
» ly
» bao nhiêu tiền

43

구찌 터널(Địa đạo Củ Chi)

chỉ ~ thôi 오직~해요

- Từ đây đến ______ chỉ mất 5 phút thôi.
  여기서 슈퍼까지는 5분밖에 안 걸려요.
- Tôi chỉ còn 100 đô la thôi.
  저는 100 달러만 남았어요.
- Tiệm chúng tôi ______ bán cà phê ______.
  저희 가게는 커피만 판매해요.
- Hôm nay tôi sẽ chỉ nghỉ ở __________ thôi.
  오늘 저는 호텔에서 쉬기만 할 거예요.
- Tôi chỉ cần mua đồ lưu niệm thôi.
  저는 기념품만 사면 돼요.

정답

» siêu thị
» chỉ
» thôi
» khách sạn

44

사이공 강(Sông Sài Gòn)

~ phải không? 이죠, 그렇죠?

- Dịch vụ lễ tân ______?
  룸 서비스 맞죠?
- Anh là ______ phải không?
  당신이 가이드죠?
- Đây là đường Hai Bà Trưng phải không?
  여기가 하이바쯩 거리죠?
- Anh mua ______ phải không?
  당신은 왕복 티켓을 샀죠, 그렇죠?
- Cái kia là của anh phải không?
  저건 당신 것이죠, 그렇죠?

정답

» phải không
» hướng dẫn viên
» vé khứ hồi

랜드마크 베트남 여행
껀저, 미토

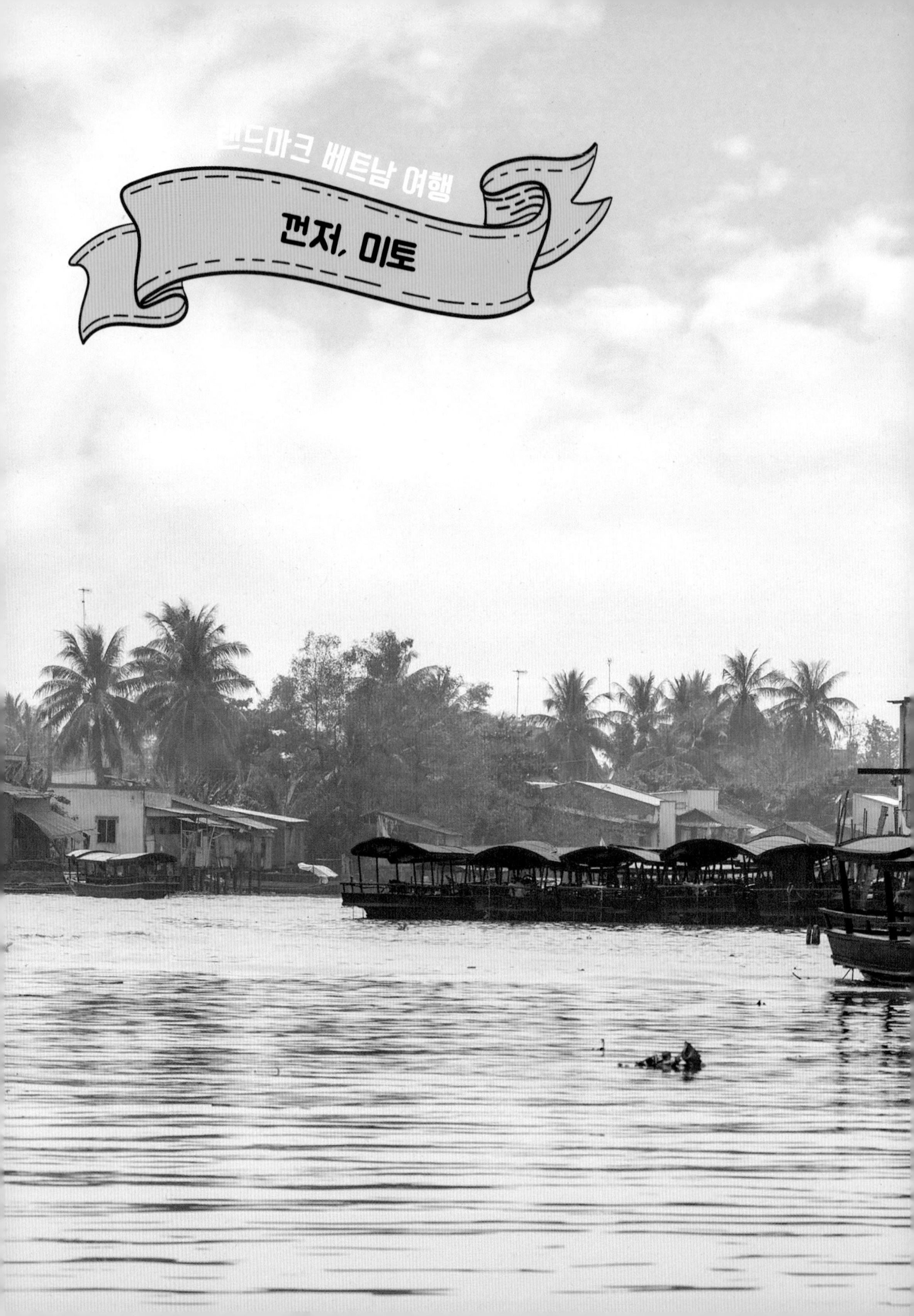

껀저
(Cần Giờ)
미토
(Mỹ Tho)
45 미토의 메콩강
46 원숭이섬
THÀNH

45 미토의 메콩강(Sông Mê Kông ở Mỹ Tho)

오늘 배울 표현은 ~로(써) ...해요

미토는 메콩 삼각주의 쌀 집산지로, 베트남 농업에 중추적 역할을 하는 곳이다. 또한 메콩강은 티베트 고원에서 시작해서 미얀마, 라오스, 태국, 캄보디아와 베트남을 거쳐 바다로 흐르는 황톳빛 강으로 베트남 남부 지역을 상징하기도 하다.

메콩강 상류에서부터 떠내려오는 황토는 베트남 땅을 기름지게 만들어주고 강 특유의 비린내도 막아주어, 물이 깨끗해서 물고기가 많을 뿐 아니라 하류에 쌓이는 황토는 건축재료로도 사용된다.

대부분 현지 관광 투어를 이용하며, 베트남의 수상가옥과 수상 시장, 나룻배 체험과 정글 체험 등은 현지를 흠뻑 느낄 수 있을 것이다.

이번 랜드마크에서는
어떤 대화를 하는지
먼저 살펴볼까요?

원어민의 음성을 들어보세요.

Vietnam_45.mp3

1

A: Chiều dài sông Mê Kông là bao nhiêu?

B: Nó dài hơn 4.300km, bắt nguồn từ Tây Tạng.

2

A: Nếu du lịch sông Mê Kông thì đi tour bằng gì?

B: Bạn có thể ngắm cảnh bằng thuyền máy hoặc thuyền gỗ.

3

A: Tour sông Mê Kông có gì dặc biệt không?

B: Ngoài ngắm cảnh sông, bạn còn có thể đến đảo cá sấu.

1

A: 메콩강의 길이는 얼마나 되죠?

B: 티벳에서부터 시작해서 메콩강은 4,300km가 넘는 길이에요.

2

A: 메콩강을 여행하면, 무엇으로 투어를 하나요?

B: 보트나 카약으로 풍경을 감상할 수 있어요.

3

A: 메콩강 투어에는 특별한 게 있나요?

B: 강의 풍경을 감상하는 것 외에도, 악어 섬도 가볼 수 있어요.

오늘의 주요 단어입니다.
학습을 시작하기 전에
단어부터 살펴보아요.

- chiều dài 길이
  찌에우 쟈이
- thuyền gỗ 나무배
  투옌 고
- ngoài ~외에도
  응오아이
- hơn ~을 초과하는
  헌
- xe lửa 기차
  쌔 르어
- trả 지불하다
  짜
- bản đồ 지도
  반 도
- bắt nguồn ~에 기원을 가지다
  받 응우온
- hoặc 또는
  호악
- thuyền máy 모터보트
  투옌 마이
- cá sấu 악어
  까 써우
- tìm 찾다
  띰
- quyển sách 책
  꾸옌 싸익
- gỗ 나무
  고

실전여행

이정도 한마디는
랜드마크에서 꼭 해보아요.
패턴으로 완벽 암기하세요.

주어 동사 bằng 명사 ~로(써) ...해요

- Tôi sẽ đi du lịch bằng xe lửa.
  또이 쌔 디 쥬 릭 방 쌔 르어
  저는 기차 타고 여행 갈 거예요.

- Tôi sẽ trả bằng tiền đô la.
  또이 쌔 짜 방 띠엔 도 라
  저는 달러로 지불할게요.

- Tôi thường tìm đường bằng app bản đồ.
  또이 트엉 띰 드엉 방 앱 반 도
  저는 지도 앱으로 보통 길을 찾아요.

- Tôi đã học tiếng Việt bằng quyển sách này.
  또이 다 홉 띠엥 비엔 방 꾸옌 싸익 나이
  저는 이 책으로 베트남어를 공부했어요.

- Tòa nhà này được xây dựng bằng gỗ.
  또아 냐 나이 드억 써이 증 방 고
  이 건물은 나무로 지어졌어요.

일지쓰기

랜드마크에서 대화한 내용을 떠올리며 빈칸을 채워보세요.

1

A: Chiều ________ sông Mê Kông là bao nhiêu?
찌에우 자이 쏨 매 콤 라 바오 니에우

B: Nó ________ hơn [1] 4.300 km, bắt nguồn từ Tây
너 자이 헌 반 응우온 뜨 떠이

Tạng.
땅

A: 메콩강의 길이는 얼마나 되죠?

B: 티벳에서부터 시작해서 메콩강은 4,300km가 넘는 길이에요.

2

A: Nếu du lịch sông Mê Kông thì đi tour ________ gì?
네우 쥬 릭 쏨 메 콤 티 디 뚜어 방 지

B: Bạn có thể ngắm cảnh ________ thuyền máy
반 꺼 테 응암 까잉 방 투옌 마이

hoặc thuyền gỗ.
홍 투옌 고

A: 메콩강을 여행하면, 무엇으로 투어를 하나요?

B: 보트나 카약으로 풍경을 감상할 수 있어요.

3

A: Tour sông Mê Kông có gì ________ không?
뚜어 쏨 메 콤 꺼 지 닥 비엔 콤

B: ________ ngắm cảnh sông, bạn còn có thể đến
응오아이 응암 까잉 쏨 반 껀 꺼 테 덴

đảo cá sấu.
다오 까 써우

A: 메콩강 투어에는 특별한 게 있나요?

B: 강의 풍경을 감상하는 것 외에도, 악어 섬도 가볼 수 있어요.

참고

[1] 4.300 km (본 응인 바 짬 키로 멘)

정답

1 dài
2 bằng
3 đặc biệt, Ngoài

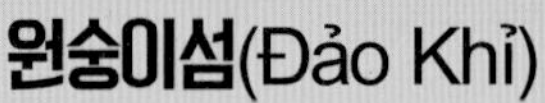

46 원숭이섬(Đảo Khỉ)

오늘 배울 표현은 **~하게 되었어요, ~을 당했어요**

원숭이 섬으로 유명한 껀저(Cần Giờ)는 호찌밍 시에서 1시간 30분~2시간 정도 걸린다. 2000년 유네스코에 생물권 보전지역으로 지정되었으며, 망그로브 숲과 늪지, 강, 운하 등을 배경으로 악어, 산돼지, 사슴, 보아뱀, 도마뱀 등 수천 종의 야생 희귀 동식물이 거주하는 곳이다.

원숭이 섬은 1,000마리 이상의 원숭이가 반 자연생태에서 서식하는 유료공원으로, 자유롭게 돌아다니는 원숭이들을 가까이서 볼 수 있다.

또한, 악어 서식지도 볼 수 있으며 이 곳에 서식하는 동식물과 역사를 알려주는 작은 박물관도 있어 껀저의 환경과 지리적 특성을 이해할 수 있다.

▶ 주소 : Đường Vào Đảo Khỉ, Long Hoà, Cần Giờ, Hồ Chí Minh, Việt Nam

미리보기

이번 랜드마크에서는 어떤 대화를 하는지 먼저 살펴볼까요?

원어민의 음성을 들어보세요.

Vietnam_46.mp3

1

A: Đảo Khỉ nằm ở đâu?

B: Nằm ở đảo Cát Bà, cách trung tâm TP. Hồ Chí Minh hơn 50km về phía Nam.

2

A: Trong Đảo Khỉ có khoảng bao nhiêu con khỉ?

B: Nghe nói có hơn 1.000 đàn khỉ tự nhiên.

3

A: Khi tham quan có gì cẩn thận không?

B: Bạn nên cất đồ quý giá vào balo vì bị bọn khỉ cướp.

1

A: 원숭이 섬은 어디에 위치해있나요?

B: 호찌밍 중심가로부터 남쪽으로 50km 떨어진 Cat Ba섬에 있어요.

2

A: 원숭이 섬에는 대략 몇 마리의 원숭이가 있나요?

B: 1,000마리가 넘는 야생 원숭이가 있다고 들었어요.

3

A: 관광할 때, 주의해야 할 게 있나요?

B: 원숭이 무리에게 빼앗길 수 있기 때문에 귀중품들은 배낭에 숨기는 편이 좋아요.

준비하기

▶ 오늘의 주요 단어입니다. 학습을 시작하기 전에 단어부터 살펴보아요.

- phía Nam 남쪽 (퓌어 남)
- đảo 섬 (다오)
- tự nhiên 자연의 (뜨 니엔)
- cất 숨기다 (껏)
- lạc đường 길을 잃다 (락 드엉)
- (bị) cướp 빼앗기다 (비 끄업)
- (bị) hỏng 고장 난 (비 홍)
- con khỉ 원숭이 (껀 키)
- đàn 무리 (단)
- cẩn thận 조심하는 (껀 턴)
- đồ quý giá 귀중품 (도 꾸이 쟈)
- mất 잃어버리다 (먼)
- (bị) đau bụng 배가 아픈 (비 다우 붐)
- (bị) căng thẳng 스트레스 받는 (비 깡 탕)

▶ 이정도 한마디는 랜드마크에서 꼭 해보아요. 패턴으로 완벽 암기하세요.

주어 bị 동/형. ~하게 되었어요, ~을 당했어요

- **Tôi bị lạc đường.**
  또이 비 락 드엉
  저는 길을 잃었어요.

- **Tôi bị đau bụng.**
  또이 비 다우 붐
  저는 배가 아파요.

- **Tôi bị mất ví của tôi.**
  또이 비 먿 뷔 꾸어 또이
  저는 지갑을 잃어버렸어요.

- **Máy chụp hình bị hỏng rồi.**
  마이 쭙 힝 비 홍 죠이
  카메라가 고장 났어요.

- **Tôi bị căng thẳng nhiều.**
  또이 비 깡 탕 니에우
  저는 스트레스를 많이 받아요.

일지쓰기

랜드마크에서 대화한 내용을 떠올리며 빈칸을 채워보세요.

1

A: Đảo Khỉ nằm ở đâu?
다오 기 남 어 더우

B: Nằm ở đảo Cát Bà, ________ trung tâm TP. Hồ Chí Minh hơn [1] 50 km về ________.
남 어 다오 깟 바 까익 쭝 떰 타잉 포호 찌 밍 헌 베 퓌어 남

A: 원숭이 섬은 어디에 위치해있나요?

B: 호찌밍 중심가로부터 남쪽으로 50km 떨어진 Cat Ba섬에 있어요.

2

A: Trong Đảo Khỉ có khoảng bao nhiêu con khỉ?
쩜 다오 기 꺼 쾅 바오 니에우 껀 기

B: Nghe nói có ________ 1.000 đàn khỉ tự nhiên.
응에 너이 꺼 헌 몯 응인 단 기 뜨 니엔

A: 원숭이 섬에는 대략 몇 마리의 원숭이가 있나요?

B: 1,000마리가 넘는 야생 원숭이가 있다고 들었어요.

3

A: Khi tham quan có gì cẩn thận không?
키 탐 꽌 꺼 지 껀 턴 콤

B: Bạn nên cất đồ quý giá vào balo vì ________ bọn khỉ ________.
반 넨 껃 도 꾸이 자 봐오 바로 뷔 비 번 키 끄엉

A: 관광할 때, 주의해야 할 게 있나요?

B: 원숭이 무리에게 빼앗길 수 있기 때문에 귀중품들은 배낭에 숨기는 편이 좋아요.

참고

[1] 50 km (남므어이 끼로 멘)

정답

[1] cách, phía Nam
[2] hơn
[3] bị, cướp

랜드마크 베트남 여행
바리아-붕따우

바리아-붕따우
(Bà Rịa-Vũng Tàu)
49 빈 쩌우
48 민담산
47 롱 하이 해변
50 푸 꾸옵 성(끼엔장)

47

롱 하이 해변(Biển Long Hải)

오늘 배울 표현은 (대상으로 하여금) ~할 수 있도록 해주세요

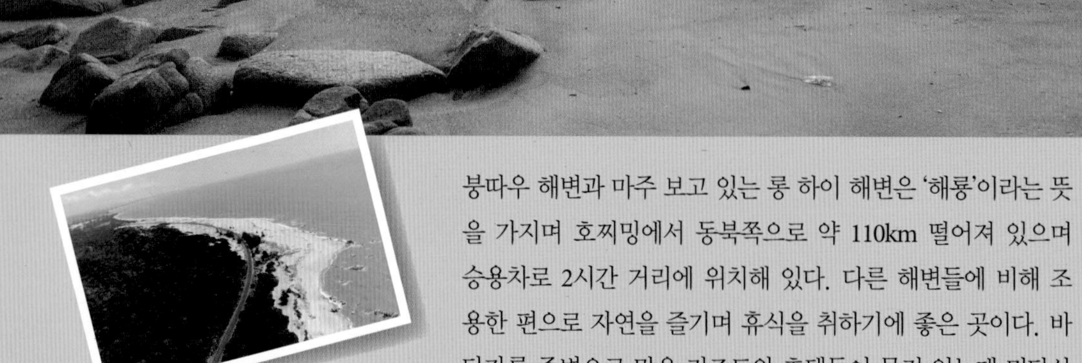

붕따우 해변과 마주 보고 있는 롱 하이 해변은 '해룡'이라는 뜻을 가지며 호찌밍에서 동북쪽으로 약 110km 떨어져 있으며 승용차로 2시간 거리에 위치해 있다. 다른 해변들에 비해 조용한 편으로 자연을 즐기며 휴식을 취하기에 좋은 곳이다. 바닷가를 주변으로 많은 리조트와 호텔들이 몰려 있는데 민담산을 따라 흐르는 맑고 시원한 물이 특징이다.

또한 롱 하이에는 벚꽃 나무길로도 유명한데, 베트남 전쟁 당시 일본 군인으로부터 가져왔다고 전해진다.

미리보기

이번 랜드마크에서는 어떤 대화를 하는지 먼저 살펴볼까요?

원어민의 음성을 들어보세요.

Vietnam_47.mp3

1

A: Biển Long Hải như thế nào?

B: Nước biển Long Hải trong xanh và biển này khá yên tĩnh.

2

A: Bạn cho tôi biết tôi đi biển Long Hải thế nào?

B: Bạn có thể đi bằng xe khách hoặc tàu cánh ngầm. Biển khá gần TP. Hồ Chí Minh.

3

A: Thời điểm nào tốt nhất để đi du lịch biển Long Hải?

B: Bạn nên đi vào tháng 10 và tháng 11, lúc này bạn có thể ngắm cảnh hoa anh đào nở rộ.

1

A: 롱 하이 해변은 어때요?

B: 롱 하이 해변의 물은 매우 맑아요. 그리고 이 해변은 무척 조용해요.

2

A: 롱 하이 해변까지 어떻게 가야 할지 제게 알려주시겠어요?

B: 버스나 배를 타고 갈 수 있어요. 호찌밍에서 꽤 가까워요.

3

A: 어떤 시기에 롱 하이 해변은 여행 가는 게 좋을까요?

B: 10월과 11월에 가세요. 이 시기엔 벚꽃이 핀 풍경을 볼 수 있어요.

오늘의 주요 단어입니다.
학습을 시작하기 전에
단어부터 살펴보아요.

- trong xanh (물이) 맑은
  쫌 싸잉
- tàu cánh ngầm 유람선
  따우 까잉 응엄
- yên tĩnh 조용한
  옌 띵
- xe khách 버스
  쌔 카익
- thực đơn 메뉴
  특 던
- gửi 보내다
  그이
- lịch trình 일정
  릭 찌잉
- thời điểm 시기
  터이 디엠
- cho 대상 동사 (사역)
  쩌
  대상으로 하여금 ~할 수 있도록 하다
- nở rộ (꽃 등이) 피다
  너 죠
- khá 꽤
  카
- hoa anh đào 벚꽃
  호아 아잉 다오
- số điện thoại 전화번호
  쏘 디엔 토아이
- lời chào 인사말, 안부의 말
  러이 짜오

이정도 한마디는
랜드마크에서 꼭 해보아요.
패턴으로 완벽 암기하세요.

Cho 대상 동사

(대상으로 하여금) ~할 수 있도록 해주세요

- Cho tôi hỏi một chút.
  쩌 또이 허이 못 쭛
  제가 잠시 물어볼게요.

- Cho tôi xem thực đơn.
  쩌 또이 쌤 특 던
  제가 메뉴 좀 볼게요.

- Cho chúng tôi biết lịch trình cụ thể.
  쩌 쭘 또이 비엔 릭 찡 꾸 테
  저희에게 구체적인 일정을 알려주세요.

- Cho tôi biết số điện thoại của anh.
  쩌 또이 비엔 쏘 디엔 토아이 꾸어 아잉
  제게 당신(남)의 전화번호를 알려주세요.

- Cho tôi gửi lời chào.
  쩌 또이 그이 러이 짜오
  제가 안부의 말을 전할 수 있도록 해주세요.(제가 안부의 말을 전할게요.)

일지쓰기

랜드마크에서 대화한 내용을 떠올리며 빈칸을 채워보세요.

1

A: _________ Long Hải như thế nào?
비엔 롱 하이 니으 테 나오

B: Nước _________ Long Hải trong xanh, và biển
느억 비엔 롱 하이 쫑 싸잉 바 비엔
này khá yên tĩnh.
나이 카 옌 띵

A: 롱 하이 해변은 어때요?

B: 롱 하이 해변의 물은 매우 맑아요. 그리고 이 해변은 무척 조용해요.

2

A: Bạn _________ tôi _________ đi biển Long Hải thế
반 찌 또이 비엔 디 비엔 롱 하이 테
nào?
나오

B: Bạn có thể đi bằng xe khách hoặc tàu cánh
반 꺼 테 디 방 쎄 카익 호악 따우 까잉
ngầm. Biển khá gần TP. Hồ Chí Minh.
응엄 비엔 카 건 타잉 포 호 찌 밍

A: 롱 하이 해변까지 어떻게 가야 할지 제게 알려주시겠어요?

B: 버스나 배를 타고 갈 수 있어요. 호찌밍에서 꽤 가까워요.

3

A: Thời điểm nào tốt _________ để đi du lịch biển
터이 디엠 나오 똣 녓 데 디 쥬 릭 비엔
Long Hải?
롱 하이

B: Bạn _________ đi vào tháng [1]10 và tháng [2]11, lúc
반 넨 디 바오 탕 바 탕 룩
này bạn có thể ngắm cảnh hoa anh đào nở rộ.
나이 반 꺼 테 응암 까잉 호아 아잉 다오 너 조

A: 어떤 시기에 롱 하이 해변을 여행 가는 게 좋을까요?

B: 10월과 11월에 가세요. 이 시기엔 벚꽃이 핀 풍경을 볼 수 있어요.

참고

1 10 (므어이)
2 11 (므어이 몯)

정답

1 Biển
2 cho, biết
3 nhất, nên

48

민담산(Núi Minh Đạm)

오늘 배울 표현은 **~이 아니에요**

민담산은 프랑스와 미국에 대항하는 두 번의 큰 전쟁이 있었던 곳으로 울창하고 빽빽한 숲과 산 위에 있는 바위동굴은 당시 군인들의 안전한 생활공간이 되었다고 한다. 각각의 바위굴은 주둔했던 군대의 이름을 따서 지었으며, 민담산이라는 이름 역시 베트남의 두 영웅의 이름에서 유래된 것이다.

민담산의 평균 고도는 200m 정도로 오르는 길의 3분의 2 가량이 고갯길이기 때문에 힘든 편이지만, 광대하게 펼쳐진 롱하이의 멋진 해변을 함께 감상하며 오를 수 있다. 또한 자연과 함께 어우러져 있는 사원과 사찰 또한 볼거리이며, 다양한 모양의 부처상을 만날 수도 있다.

미리보기 

이번 랜드마크에서는
어떤 대화를 하는지
먼저 살펴볼까요?

원어민의 음성을 들어보세요.

Vietnam_48.mp3

1

A: Nguồn gốc của tên núi Minh Đạm là gì?

B: Núi Minh Đạm được đặt theo tên của 2 chiến sĩ cách mạng, tên là Bùi Công Minh và Mạc Thanh Đạm.

2

A: Núi Minh Đạm có dốc cao không?

B: Núi Minh Đạm không phải là núi quá cao, cao trung bình khoảng 300 mét .

3

A: Ngoài leo núi còn có những gì tham quan không?

B: Bạn có thể tận hưởng dã ngoại sinh thái và cũng có thể tìm hiểu lịch sử Việt Nam sâu hơn.

1

A: 민담산 이름의 유래는 무엇인가요?

B: 민담산은 Bui Cong Minh과 Mac Thanh Dam이라는 2명의 혁명적인 병사들 이름에서 따왔어요.

2

A: 민담산은 가파른가요?

B: 민담산은 평균 고도가 300m 정도로 지나치게 높은 산이 아니에요.

3

A: 등산하는 것 외에 관광할 것들이 있나요?

B: 생태 나들이를 즐길 수 있고요. 베트남 역사에 대해서 더 깊이 이해할 수 있을 거예요.

오늘의 주요 단어입니다.
학습을 시작하기 전에
단어부터 살펴보아요.

- nguồn gốc 근원, 기원
  응우온 곱
- đặt theo ~에 따라 이름을 짓다
  닫 태오
- chiến sĩ 전사
  찌엔 씨
- dốc cao 가파른
  좁 까오
- dã ngoại 소풍, 피크닉
  쟈 응오아이
- tìm hiểu 고찰하다, 이해하다
  띰 히에우
- sâu 깊은
  써우
- cách mạng 혁명
  까익 망
- quá 매우, 지나치게~한
  꾸아
- leo núi 등산하다
  래오 누이
- trung bình 평균의
  쭝 빙
- hưởng 향유하다, 즐기다
  흐엉
- sinh thái 생태
  씽 타이
- lịch sử 역사
  릭 쓰

이정도 한마디는
랜드마크에서 꼭 해보아요.
패턴으로 완벽 암기하세요.

주어 không phải là ~ ~이 아니에요

- Đây không phải là phòng vệ sinh.
  더이 콤 퐈이 라 퐁 베 씽
  여기는 화장실이 아니에요.
- Tôi không phải là người Nhật Bản.
  또이 콤 퐈이 라 응어이 녓 반
  저는 일본 사람이 아니에요.
- Cái này không phải là của tôi.
  까이 나이 콤 퐈이 라 꾸어 또이
  이건 저의 것이 아니에요.
- Đây không phải là xe khách đi Vũng Tàu.
  더이 콤 퐈이 라 쌔 카익 디 붕 따우
  이건 붕따우로 가는 버스가 아니에요.
- Xin lỗi, cửa này không phải là cửa vào.
  씬 로이 끄어 나이 콤 퐈이 라 끄어 봐오
  죄송하지만, 여기는 출입문이 아니에요.

일지쓰기

랜드마크에서 대화한 내용을 떠올리며 빈칸을 채워보세요.

1

A: Nguồn gốc của tên núi Minh Đạm là gì?
응우온 곱 꾸어 뗀 누이 밍 담 라 지

B: ________ Minh Đạm được ________ theo tên của [1]2 chiến sĩ cách mạng, tên là Bùi Công Minh và Mạc Thanh Đạm.
누이 밍 담 드억 닫 테오 뗀 꾸어 찌엔 씨 까익 망 뗀 라 부이 꼼 밍 바 막 탄 담

A: 민담산 이름의 유래는 무엇인가요?

B: 민담산은 Bui Cong Minh과 Mac Thanh Dam이라는 2명의 혁명적인 병사들 이름에서 따왔어요.

2

A: Núi Minh Đạm có dốc cao không?
누이 밍 담 꼬 좁 까오 콩

B: Núi Minh Đạm ________ núi quá cao, cao trung bình khoảng 300 mét.
누이 밍 담 콩 퐈이 라 누이 꽈아 까오 까오 쭝 빙 쾅 바 짬 멧

A: 민담산은 가파른가요?

B: 민담산은 평균 고도가 300m 정도로 지나치게 높은 산이 아니에요.

3

A: Ngoài leo núi còn có những gì tham quan không?
응오아이 래오 누이 껀 꺼 녀응 지 탐 꽌 콤

B: Bạn có thể tận hưởng dã ngoại sinh thái và cũng có thể tìm hiểu ________ Việt Nam sâu hơn.
반 꺼 테 떤 흐엉 자 응오아이 씽 타이 봐 꿈 꺼 테 띰 히에우 릭 쓰 비엣 남 써우 헌

A: 등산하는 것 외에 관광할 것들이 있나요?

B: 생태 나들이를 즐길 수 있고요. 베트남 역사에 대해서 더 깊이 이해할 수 있을 거예요.

☆ 참고

[1] 2 (하이)

정답

1 Núi, đặt
2 không phải là
3 lịch sử

다음 빈칸에 들어길 내용을 떠올리며
앞서 다녀온 랜드마크를 다시 기억해보세요.

45 미토의 메콩강(Sông Mê Kông ở Mỹ Tho)

주어 동사 bằng 명사 ~로(써) ...해요

- Tôi sẽ đi du lịch bằng xe lửa.
  저는 기차 타고 여행 갈 거예요.
- Tôi sẽ trả _______ tiền đô la.
  저는 달러로 지불할게요.
- Tôi thường tìm đường bằng app _______.
  저는 지도 앱으로 보통 길을 찾아요.
- Tôi đã học tiếng Việt bằng _______ này.
  저는 이 책으로 베트남어를 공부했어요.
- Tòa nhà này được xây dựng bằng gỗ.
  이 건물은 나무로 지어졌어요.

정답

» bằng
» bản đồ
» quyển sách

46 원숭이섬(Đảo Khỉ)

주어 bị 동/형 ~하게 되었어요, ~을 당했어요

- Tội bị lạc đường.
  저는 길을 잃었어요.
- Tội _______ đau bụng.
  저는 배가 아파요.
- Tội bị mất _______ của tôi.
  저는 지갑을 잃어버렸어요.
- Máy chụp hình bị _______ rồi.
  카메라가 고장 났어요.
- Tội bị căng thẳng nhiều.
  저는 스트레스를 많이 받아요.

정답

» bị
» ví
» hỏng

롱 하이 해변(Biển Long Hải)

Cho 대상 동사 (대상으로 하여금) ~할 수 있도록 해주세요

- Cho tôi hỏi một chút.
  제가 잠시 물어볼게요.
- Cho tôi xem ______.
  제가 메뉴 좀 볼게요.
- Cho chúng tôi biết lịch trình cụ thể.
  저희에게 구체적인 일정을 알려주세요.
- Cho tôi biết ______ của anh.
  제게 당신(남)의 전화번호를 알려주세요.
- ______ tôi gửi lời chào.
  제가 안부의 말을 전할 수 있도록 해주세요. (제가 안부의 말을 전할게요)

정답

» thực đơn
» số điện thoại
» Cho

48

민담산(Núi Minh Đạm)

주어 không phải là ~ ~이 아니에요

- Đây ______ phòng vệ sinh.
  여기는 화장실이 아니에요.
- Tôi không phải là người Nhật Bản.
  저는 일본 사람이 아니에요.
- Cái này không phải là của tôi.
  이건 저의 것이 아니에요.
- Đây không phải là ______ đi Vũng Tàu.
  이건 붕따우로 가는 버스가 아니에요.
- Xin lỗi, cửa này không phải là ______.
  죄송하지만, 여기는 출입문이 아니에요.

정답

» không phải là
» xe khách
» cửa vào

49 빈 쩌우(Bình Châu)

오늘 배울 표현은 **~한 것처럼 보여요**

빈 쩌우는 온천과 천연자원이 보존되어 있는 하나의 구역으로, 베트남 유일의 온천이 있는 곳이다. 붕타우 해변 휴양지와 그리 멀지 않은 곳에 위치하며 호찌밍 및 인근 지역에서 많이 찾는 관광지이다.

빈 쩌우 온천에는 온천욕뿐 아니라 수영장 체험, 머드팩 등 다양한 체험을 할 수 있는 공간이 있는데, 특히 날계란을 바구니에 담아 팔팔 끓는 온천수에 넣어 계란을 익혀 먹으면 그 맛이 일품이다.

또한 자연을 그대로 느낄 수 있는 숲과 정원, 큰 규모의 공원도 함께 있어 몸과 마음을 힐링하기에 좋은 여행 장소이다.

▶ 위치 : 빈 쩌우는 붕따우의 바리아 성에 위치해있으며, 빈 쩌우 온천은 55번 국도에 위치해 있다.

미리보기

이번 랜드마크에서는 어떤 대화를 하는지 먼저 살펴볼까요?

원어민의 음성을 들어보세요.

Vietnam_49.mp3

1

A: Bình Châu nổi tiếng về điều gì?

B: Bình Châu là một khu bảo tồn thiên nhiên và suối nước nóng.

2

A: Ở Bình Châu có nơi nào đáng giới thiệu không?

B: Bạn hãy đi 'suối nước nóng Bình Châu'. Đây là một khu nghỉ dưỡng có suối nước nóng.

3

A: Ở đó có vẻ như hơi chán! Ở đó có hoạt động tham gia gì không?

B: Có nhiều hoạt động thú vị như tắm nước khoáng, tắm bùn và luộc trứng v.v..

1

A: 빈 쩌우는 무엇으로 유명한가요?

B: 빈 쩌우는 온천과 천연자원이 보존되어 있는 하나의 구역이에요.

2

A: 빈 쩌우에 소개할 만한 곳이 있나요?

B: '빈 쩌우 온천'에 가보세요. 여기는 온천이 있는 휴양지에요.

3

A: 그곳은 조금 지루해 보이는데요. 뭐 참가할 만한 활동들이 있나요?

B: 온천욕, 머드, 계란 삶기 등 재밌는 활동들이 많이 있어요.

오늘의 주요 단어입니다.
학습을 시작하기 전에
단어부터 살펴보아요.

- điều ~한 점 (디에우)
- thiên nhiên 천연의 (티엔 니엔)
- hơi 조금 (허이)
- hoạt động 활동 (호안 동)
- tắm 샤워하다 (땀)
- nước khoáng 광천수 (느억 쾅)
- trứng 계란 (쯩)
- bảo tồn 보존하다 (바오 똔)
- suối nước nóng 온천 (쑤오이 느억 농)
- khu nghỉ dưỡng 리조트 (쿠 응이 즈엉)
- chán 지루한 (짠)
- bùn 진흙 (분)
- luộc 삶다 (루옥)
- thú vị 재밌는 (투 뷔)

이정도 한마디는
랜드마크에서 꼭 해보아요.
패턴으로 완벽 암기하세요.

주어 có vẻ (như) 동/형 ~한 것처럼 보여요

- Hàng này có vẻ như đắt lắm.
  항 나이 꺼 붸 니으 닫 람
  이 물건은 굉장히 비싼 것처럼 보여요.

- Hôm nay anh ấy có vẻ không khỏe.
  홈 나이 아잉 어이 꺼 붸 콩 쾌
  오늘 그는 아픈 것처럼 보여요.

- Món này có vẻ không ngon lắm.
  먼 나이 꺼 붸 콩 응온 람
  이 음식은 맛없는 것처럼 보여요.

- Dạo này anh ấy có vẻ rất bận.
  자오 나이 아잉 어이 꺼 붸 젇 번
  요즘 그는 바쁜 것처럼 보여요.

- Lịch trình có vẻ như rất thú vị.
  릭 찡 꺼 붸 니으 젇 투 뷔
  스케줄이 굉장히 재밌는 것처럼 보여요.

일지쓰기

랜드마크에서 대화한 내용을 떠올리며 빈칸을 채워보세요.

1

A: Bình Châu __________ về điều gì?
빙 쩌우 노이 띠엥 베 디에우 지

B: Bình Châu là một khu bảo tồn thiên nhiên và
빙 쩌우 라 못 쿠 바오 똔 티엔 니엔 바
suối nước nóng.
쑤오이 느억 놈

A: 빈 쩌우는 무엇으로 유명한가요?

B: 빈 쩌우는 온천과 천연자원이 보존되어 있는 하나의 구역이에요.

2

A: Ở Bình Châu có nơi nào đáng __________ không?
어 빙 쩌우 꺼 너이 나오 당 지어이 티에우 콩

B: Bạn hãy đi 'suối nước nóng Bình Châu'. Đây là
반 하이 디 '쑤오이 느억 놈 빙 쩌우'. 더이 라
một khu nghỉ dưỡng có suối nước nóng.
못 쿠 응이 즈엉 꺼 쑤오이 느억 놈

A: 빈 쩌우에 소개할 만한 곳이 있나요?

B: '빈 쩌우 온천'에 가보세요. 여기는 온천이 있는 휴양지예요.

3

A: Ở đó __________ hơi chán! Ở đó có hoạt động
어 더 꺼 봬 느으 허이 짠! 어 더 꺼 호안 동
__________ gì không?
탐 쟈 지 콩

B: Có nhiều hoạt động thú vị như tắm nước
꺼 니에우 호안 동 투 뷔 느으 땀 느억
khoáng, tắm bùn và luộc trứng v.v..
쾅 땀 분 봐 루옵 쯩 브.브.

A: 그곳은 조금 지루해 보이는데요. 뭐 참가할 만한 활동들이 있나요?

B: 온천욕, 머드, 계란 삶기 등 재밌는 활동들이 많이 있어요.

정답

1 nổi tiếng
2 giới thiệu
3 có vẻ như, tham gia

50 푸 꾸옥 섬(Đảo Phú Quốc)

오늘 배울 표현은 **A 하기도 하고 B 하기도 해요**

'진주의 섬'이라고도 불리는 푸 꾸옥 성은 베트남에서 가장 큰 섬이다. 베트남 최남단의 청정섬으로 베트남 사람들이 가장 선호하는 휴양지이기도 하다. 스노클링, 스킨 스쿠버, 낚시 등 다양한 즐길거리가 있으며, 2006년 유네스코가 지정한 세계 생물관 보존 지역이기도 하다.

푸 꾸옥 섬에서 가장 유명한 해변은 싸오 비치(biển sao)로 우리 말로는 '별 해변'이라는 뜻이다. 이름 그대로 하늘에서 내려다보면 마치 바다와 해변가에 별이 박힌 것처럼 아름답다 하여 붙여진 이름이다. 이 외에도, 현지 체험을 할 수 있는 야시장, 놀이기구와 워터파크가 있는 빈펄 랜드, 월남전 당시 포로들의 모습이 재현되어 있는 코코넛 수용소 등이 주요 관광지이다.

미리보기

이번 랜드마크에서는 어떤 대화를 하는지 먼저 살펴볼까요?

원어민의 음성을 들어보세요.

Vietnam_50.mp3

1

A: Ở Việt Nam, có nơi nghỉ mát nào đáng giới thiệu không?

B: Tôi khuyên chị nên đi Phú Quốc. Phú Quốc không đông đúc lắm.

2

A: Có chuyến bay thẳng tới Phú Quốc từ Hàn Quốc không?

B: Không có. Chị phải đổi chuyến bay từ TP. Hồ Chí Minh.

3

A: Ở Phú Quốc có đồ nào đáng mua sắm không?

B: Phú Quốc nổi tiếng về ngọc trai. Ngọc trai Phú Quốc vừa rẻ vừa đẹp.

1

A: 베트남에 소개해줄 만한 휴양지가 있나요?

B: 저는 푸 꾸옥 가는 걸 추천해요. 푸 꾸옥은 그렇게 붐비지 않아요.

2

A: 한국에서 푸 꾸옥으로 가는 직항이 있나요?

B: 아니오. 호찌밍에서 갈아타야 해요.

3

A: 푸 꾸옥에는 쇼핑할 만한 물건이 있나요?

B: 푸 꾸옥은 진주로 유명해요. 푸 꾸옥의 진주는 저렴하기도 하고 예쁘기도 해요.

준비하기

오늘의 주요 단어입니다.
학습을 시작하기 전에
단어부터 살펴보아요.

- khuyên 권하다
  쿠옌
- đông đúc 붐비는
  돔 둡
- tới 도착하다
  떠이
- ngọc trai 진주
  응옵 짜이
- triển lãm 전시하다
  찌엔 람
- nhà hàng 식당
  냐 항
- ngon 맛있는
  응온
- nghỉ mát 휴양하다
  응이 맏
- chuyến bay thẳng 직항 편
  쭈옌 바이 탕
- vừa A vừa B
  브어 A 브어 B
  A 하기도 하고 B 하기도 하다
- ẩm 습한
  엄
- bán 팔다
  반
- đó 그
  더
- rẻ 저렴한
  재

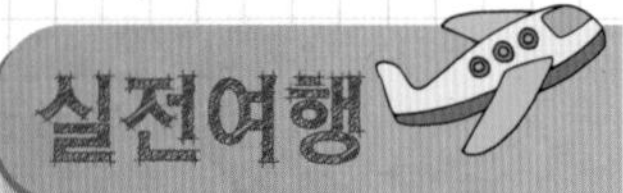

이정도 한마디는
랜드마크에서 꼭 해보아요.
패턴으로 완벽 암기하세요.

vừa A vừa B A 하기도 하고 B 하기도 해요

- Thời tiết hôm nay vừa ẩm vừa nóng.
  터이 띠엔 홈 나이 브어 엄 브어 놈
  오늘 날씨는 습하기도 하고 덥기도 해요.

- Cà phê Việt Nam vừa thơm vừa ngon.
  까 페 비엗 남 브어 텀 브어 응언
  베트남 커피는 향이 좋기도 하고 맛있기도 해요.

- Ở đó đang vừa triển lãm vừa bán hàng.
  어 더 당 브어 찌엔 람 브어 반 항
  그곳은 전시를 하기도 하고 물건을 팔기도 해요.

- Anh ấy vừa du lịch vừa soạn sách.
  아잉 어이 브어 쥬 릭 브어 쏘안 싸익
  그는 여행을 하기도 하고 책을 집필하기도 해요.

- Nhà hàng đó vừa ngon vừa rẻ.
  냐 항 더 브어 응언 브어 재
  그 식당은 맛있기도 하고 저렴하기도 해요.

일지쓰기

랜드마크에서 대화한 내용을 떠올리며 빈칸을 채워보세요.

1

A: Ở Việt Nam, có nơi nghỉ mát nào đáng giới thiệu không?

B: Tôi khuyên chị ________ đi Phú Quốc. Phú Quốc không đông đúc lắm.

A: 베트남에 소개해줄 만한 휴양지가 있나요?

B: 저는 푸 꾸옥 가는 걸 추천해요. 푸 꾸옥은 그렇게 붐비지 않아요.

2

A: ________ chuyến bay thẳng tới Phú Quốc từ Hàn Quốc ________?

B: Không có. Chị phải đổi chuyến bay từ TP. Hồ Chí Minh.

A: 한국에서 푸 꾸옥으로 가는 직행이 있나요?

B: 아니오. 호찌밍에서 갈아타야 해요.

3

A: Ở Phú Quốc có đồ nào đáng mua sắm không?

B: Phú Quốc nổi tiếng về ngọc trai. Ngọc trai Phú Quốc ________ rẻ ________ đẹp.

A: 푸 꾸옥에는 쇼핑할 만한 물건이 있나요?

B: 푸 꾸옥은 진주로 유명해요. 푸 꾸옥의 진주는 저렴하기도 하고 예쁘기도 해요.

정답

1 nên
2 Có, không
3 vừa

기억하기

다음 빈칸에 들어갈 내용을 떠올리며
앞서 다녀온 랜드마크를 다시 기억해보세요.

49

빈 쩌우(Bình Châu)

주어 có vẻ (như) 동/형 ~한 것처럼 보여요

- Hàng này ______ đắt lắm.
  이 물건은 굉장히 비싼 것처럼 보여요.
- Hôm nay anh ấy có vẻ không khỏe.
  오늘 그는 아픈 것처럼 보여요.
- Món này có vẻ không ngon lắm.
  이 음식은 맛없는 것처럼 보여요.
- Dạo này anh ấy có vẻ ______.
  요즘 그는 바쁜 것처럼 보여요.
- ______ có vẻ như rất thú vị.
  스케줄이 굉장히 재밌는 것처럼 보여요.

정답

» có vẻ như
» rất bận
» Lịch trình

50

푸 꾸옥 섬(Đảo Phú Quốc)

vừa A vừa B A 하기도 하고 B 하기도 해요

- Thời tiết hôm nay ______ ẩm ______ nóng.
  오늘 날씨는 습하기도 하고 덥기도 해요.
- Cà phê Việt Nam vừa thơm vừa ngon.
  베트남 커피는 향이 좋기도 하고 맛있기도 해요.
- Ở đó đang vừa ______ vừa bán hàng.
  그곳은 전시를 하기도 하고 물건을 팔기도 해요.
- Anh ấy vừa du lịch vừa soạn sách.
  그는 여행을 하기도 하고 책을 집필하기도 해요.
- Nhà hàng đó vừa ngon vừa ______.
  그 식당은 맛있기도 하고 저렴하기도 해요.

정답

» vừa
» triển lãm
» rẻ

메모하기

지금까지 배운 내용을
떠올리며 정리해보세요.

50패턴으로 여행하는

랜드마크 베트남어회화